国風文化

平等院鳳凰堂阿弥陀如来像

11世紀，定朝作。各パーツを集めてつくる寄木造の技法が用いられている（→ P.40）

『平家納経』

厳島神社に平家一族の繁栄を願って奉納された経典。大和絵で飾り立てられた装飾経である（→ P.43）

鎌倉文化

鎌倉時代には，色々な種類の建物がつくられた。下の３つの建築様式以外に，東大寺南大門に代表される大仏様がある（→ P.79）

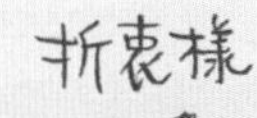

室町文化

鹿苑寺金閣

通称「金閣寺」。寝殿造風と禅宗様の折衷（→ P.80）

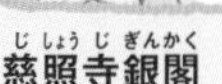

慈照寺銀閣

通称「銀閣寺」。書院造と禅宗様の折衷（→ P.81）

［名人の授業シリーズ］

金谷の日本史
「なぜ」と「流れ」がわかる本

改訂版

文化史

東進ハイスクール・東進衛星予備校 講師

金谷 俊一郎

はじめに

歴史の「なぜ」に踏みこもう

私はいつもいいます。日本史は暗記科目ですが，羅列してある用語を覚えるのには，たいがい限界があります。でも，納得して頭に入れた知識は忘れにくいものです。

じゃあ，どうやって納得したらいいのか。ある日，読者の皆さんが「なぜこの事件がおこったのか」という疑問にぶつかったとします。解決したい。でも，解決してくれるものがなければ，「まあいいや」とあきらめてしまうでしょう。

本書は，東進ハイスクールでの私の授業の持ち味を最大限に活かし，再現したものです。私はいつも，物事の因果関係と用語の意味については，できるだけわかりやすくお話しするよう心がけています。本書を読んで，まず納得してください。そうすれば一見退屈にみえる大学受験の日本史も，ドラマチックに展開していることがわかり，暗記という退屈な作業にとどまらない，とても面白い学問になるはずです。

金谷の「表解」で時期把握を

本書は古代から近現代までの文化史を１冊にまとめました。第１～２章は古代，第３～４章は中世，第５～６章は近世，第７～８章は近現代の文化を扱います。

本文に入る前に，各章の全体像としての表が出てきます。これは，各文化をテーマごとに示すと同時に，大学入試の重要頻出ポイントのまとめでもあります。(注：著者が授業で表を板書するため「表解板書」と呼ばれる)

各章で表の切り口はかわります。第１章の「飛鳥・白鳳・天平文化」の前半は仏教や寺院といった大きな単位で区切っていますが，第３章の「鎌倉時代と室町時代の文化１」の前半は仏教を細かく念仏・題目・禅の項目に分けています。この表の切り口によって，それぞれの文化の特徴や構造がつかめるようになっているのです。

歴史は未来の道しるべ

過去の歴史は，現代に生き未来をつくる私たちに，教訓を与え，ものの見方を示唆してくれます。それらをわかりやすく伝えるために，私自身の史観をまじえてお話しすることがあります。脚色をつけることもあります。文化史は，その作品の作者や成立年代など研究者の間でも意見が分かれているものもあり，異論のある部分もあることでしょう。ただ，根本的に私の史観は教科書にもとづいたものであるということを，ここにお断りしておきます。

おそらく，読者の皆さんにもそれぞれの史観があるかと思います。歴史というものは多様な角度からみることができますから，読者の皆さんの史観と私の史観が異なることもあります。そういったことも頭の片隅において，本書をご理解いただければ幸いです。

では，文化史の「なぜ」と「流れ」に，最後まで，納得いくまでおつき合いください。本書が皆さんの学習の一助となり，さらなる好奇心がうまれることを祈っています。

2020年７月　金谷俊一郎

本書の使い方

1 章トビラ

章のはじめのページです。まずここに目を通してください。章で扱う時代や,その特徴をつかみましょう。

本書をわかりやすく説明してくれるキャラクターです

6世紀後半
794

第1章

飛鳥・白鳳・天平文化

6世紀後半～794

メイン講義

第1部　古代の仏教と寺院

第2部　古代の仏像と絵画・工芸

テーマ講義

薬師寺東塔

鑑真

こんにちは，日本史の金谷です。金谷俊一郎です。

「文化史は暗記だ」と思っている受験生が多いと思います。でも，文化史にだってちゃんと「なぜ」と「流れ」があります。この「なぜ」と「流れ」を理解していけば，仏像や寺院などの名称もドンドン覚えられるようになります。がんばっていきましょう。

▼第1章　早わかり講義▼

2 表解板書

各章の全体像を示した表です。各文化をテーマごとに示すと同時に,大学入試の重要頻出ポイントのまとめでもあります。これで全体像を把握しましょう。

(この表は点線をはさみで切り取られて,本文中に出てきます。)

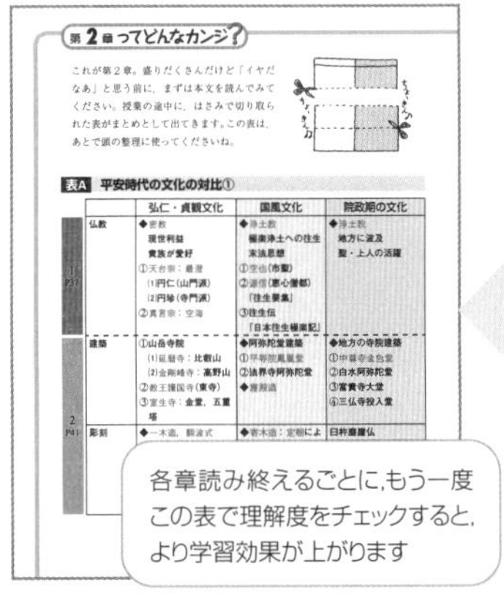
第2章ってどんなカンジ?

これが第2章。盛りだくさんだけど「イヤだなあ」と思う前に，まずは本文を読んでみてください。授業の途中に，はさみで切り取られた表がまとめとして出てきます。この表は，あとで頭の整理に使ってくださいね。

表A　平安時代の文化の対比①

		弘仁・貞観文化	国風文化	院政期の文化
1 P37	仏教	◆密教 現世利益 貴族が愛好 ①天台宗：最澄 (1)円仁(山門派) (2)円珍(寺門派) ②真言宗：空海	◆浄土教 極楽浄土への往生 末法思想 ①空也(市聖) ②源信(恵心僧都) 『往生要集』 ③往生伝 『日本往生極楽記』	◆浄土教 地方に波及 聖・上人の活躍
2 P41	建築	①山岳寺院 (1)延暦寺：比叡山 (2)金剛峰寺：高野山 ②教王護国寺(東寺) ③室生寺：金堂，五重塔	◆阿弥陀堂建築 ①平等院鳳凰堂 ②法界寺阿弥陀堂 ◆寝殿造	◆地方の寺院建築 ①中尊寺金色堂 ②白水阿弥陀堂 ③富貴寺大堂 ④三仏寺投入堂
	彫刻	◆一木造，翻波式	◆寄木造：定朝によ	臼杵磨崖仏

各章読み終えるごとに,もう一度この表で理解度をチェックすると,より学習効果が上がります

3 年表

その章でお話しする重要な事項を時代順に並べた年表です。授業に入る前に各章の時代を確認しておきましょう。

第2章　時代はここ!

世紀	時代(中国)	時代(日本)		天皇	主な出来事
8	唐	平安	弘仁・貞観文化	桓武	794年　平安京遷都
				嵯峨	810年　平城太上天皇の変
9				清和	858年　藤原良房が清和天皇の摂政に
			国風文化	醍醐	延喜・天暦の治
					907年　唐の滅亡
10	宋				960年　宋の建国
					藤原道長・頼通の政治
11				白河	
			院政期の文化	堀河	1086年　白河上皇が院政を開始
				後白河	1156年　保元の乱
12					1167年　平清盛，太政大臣に

本書は全８章構成です。章ごとに，全体の把握→授業→確認問題の流れで展開されています。改訂にあたり，新たに音声による「早わかり講義」が加わりました。本書の使い方を参考に，文化史の理解を深め，知識を定着させましょう。

4 授業（本文）

本文は **メイン講義** と **テーマ講義** に分かれています

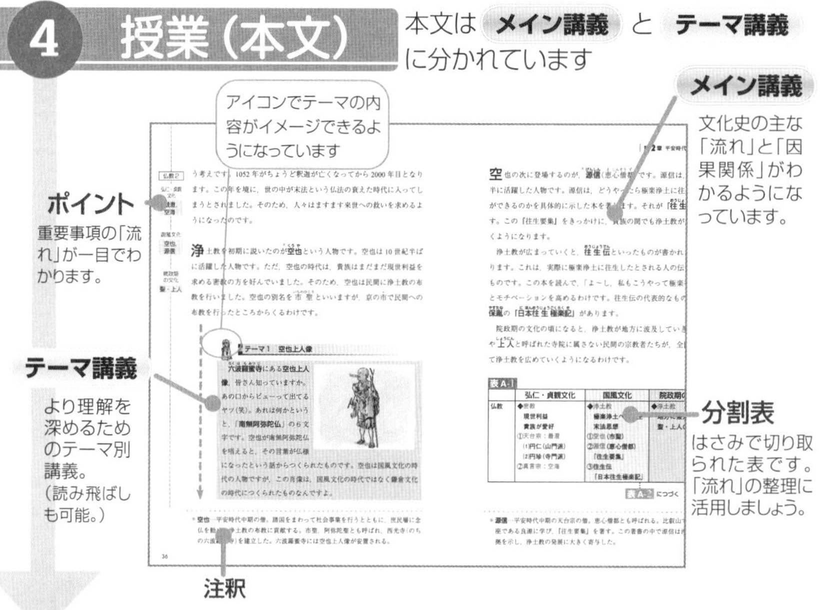

5 確認問題

章末に授業の内容が確認できるまとめを用意しました。重要事項は赤字になっているので，付録の赤シートで隠して覚えることができます。第１～４章は，地図も押さえておきましょう。

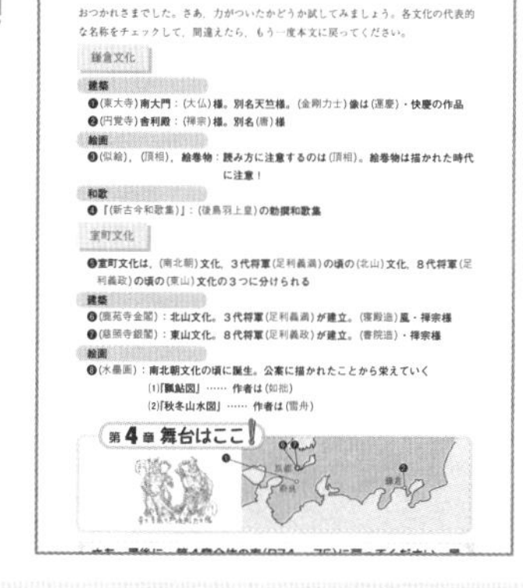

早わかり講義

本文の内容の「流れ」の部分を簡潔にまとめ，先生が朗読した音声による講義です。
本を読みながら，あるいは読み終えたあとに何度も聞き返しましょう。

URL ▶ https://www.toshin.com/tb_audio/xerp/　**パスワード：Tb852Bk**

※上記の URL あるいは QR コードからサイトにアクセスし，パスワードを入力してください。
音声ファイルはパソコン（ダウンロード），スマートフォン・タブレット（ストリーミング再生）に対応しています。

CONTENTS

金谷の日本史 全体もくじ

原始・古代史

中世・近世史

近現代史

文化史

この本！

飛鳥・白鳳・天平文化

6 世紀後半〜 794

メイン講義

第 1 部　古代の仏教と寺院
第 2 部　古代の仏像と絵画・工芸

テーマ講義

薬師寺東塔
鑑真

こんにちは，日本史の金谷です。金谷俊一郎です。

「文化史は暗記だ」と思っている受験生が多いと思います。でも，文化史にだってちゃんと「なぜ」と「流れ」があります。この「なぜ」と「流れ」を理解していけば，仏像や寺院などの名称もドンドン覚えられるようになります。がんばっていきましょう。

▼ 第1章　早わかり講義 ▼

Track	内容
01	第1部　古代の仏教と寺院
02	第2部　古代の仏像と絵画・工芸

URL ▶ https://www.toshin.com/tb_audio/xerp/　PW ▶ Tb852Bk

だいたいこんな感じです。全体をある程度把握したら，とにかくまず本文を読んでください。授業の途中に，はさみで切り取られた表がまとめとして出てきます。この表は，あとで頭の整理に使ってくださいね。

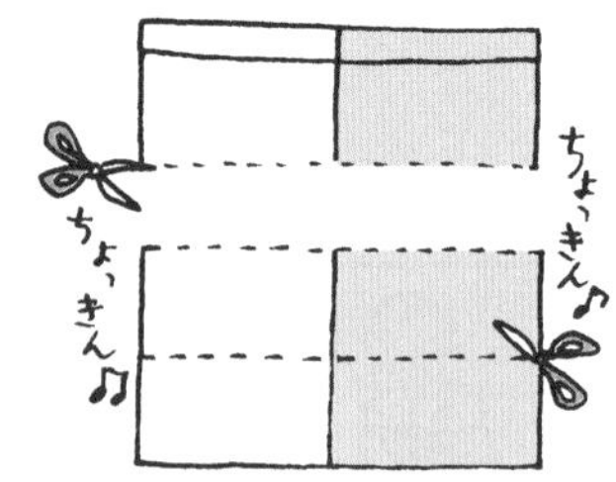

表A 飛鳥・白鳳・天平文化の対比①

		飛鳥文化	白鳳文化	天平文化
1 P16	中心人物	厩戸王（聖徳太子）	天武天皇	聖武天皇
	中心寺院	法隆寺	薬師寺	東大寺
	影響	朝鮮文化（百済，高句麗）＋南北朝文化	初唐文化	盛唐文化
2 P20	仏教	氏寺（権威の象徴）	官寺（国家による寺院建築）	鎮護国家 南都六宗 行基，鑑真
	寺院	①飛鳥寺：蘇我馬子 ②法隆寺：厩戸王 ③四天王寺：厩戸王	①薬師寺， 薬師寺東塔 ②大官大寺	①東大寺：法華堂 ②唐招提寺：金堂，講堂 ③法隆寺：夢殿，伝法堂

表B　飛鳥・白鳳・天平文化の対比②

		飛鳥文化	白鳳文化	天平文化
1 P23	中心人物	厩戸王（聖徳太子）	天武天皇	聖武天皇
	中心寺院	法隆寺	薬師寺	東大寺
	仏像	①北魏様式 (1)飛鳥寺釈迦如来像 (2)法隆寺金堂釈迦三尊像 (3)法隆寺夢殿救世観音像 ②南朝様式 (1)広隆寺半跏思惟像 (2)中宮寺半跏思惟像	①興福寺仏頭：もと山田寺本尊 ②薬師寺 (1)金堂薬師三尊像 (2)東院堂聖観音像	①乾漆像 (1)東大寺法華堂不空羂索観音像 (2)興福寺阿修羅像 (3)唐招提寺鑑真像 ②塑像 (1)東大寺法華堂日光・月光菩薩像 (2)東大寺法華堂執金剛神像
2 P25	絵画・工芸	①法隆寺玉虫厨子 ②法隆寺獅子狩文様錦 ③中宮寺天寿国繡帳	①法隆寺金堂壁画 ②高松塚古墳壁画	①正倉院宝物 ②薬師寺吉祥天像 ③『正倉院鳥毛立女屛風』 ④『過去現在絵因果経』

第1章 時代はここ！

世紀	時代（中国）	時代（日本）	文化	中心人物	主な出来事	
6	南北朝	飛鳥	飛鳥文化		587年	物部氏の衰亡
	隋				589年	隋の統一
				厩戸王（聖徳太子）	604年	憲法十七条制定
				厩戸王（聖徳太子）	607年	遣隋使の派遣 この頃法隆寺建立
	唐			厩戸王（聖徳太子）	618年	唐の建国
7					645年	乙巳の変
			白鳳文化		672年	壬申の乱
				天武天皇		
		奈良	天平文化		710年	平城京遷都
8				聖武天皇	743年	大仏造立の詔

各文化の時代区分

表 A-1

では，いよいよ文化史のお話をしていきます。

今回は**飛鳥文化**（あすか），**白鳳文化**（はくほう），**天平文化**（てんぴょう）という3つの文化を扱っていきます。まずは時代区分から理解しておきましょう。

飛鳥文化は7世紀半ばの大化改新（たいかのかいしん）までの文化，白鳳文化は7世紀後半の文化，そして，天平文化は8世紀の奈良時代の文化になります。

飛鳥文化	7世紀半ばの大化改新までの文化
白鳳文化	7世紀後半の文化
天平文化	8世紀の奈良時代の文化

各文化の中心人物

次に押さえてもらいたいのが各文化の中心人物です。

飛鳥文化が大化改新の前ということからもわかるように，飛鳥文化の中心人物は，*****厩戸王**（うまやとおう）（聖徳太子（しょうとくたいし））です。

次の白鳳文化の中心人物は，大化改新後に権力を握った人物ということで，**天武天皇**（てんむてんのう）。そして，天平文化の中心人物は奈良時代でもっともメジャーな天皇である**聖武天皇**（しょうむてんのう）となります。

＊**厩戸王**…第31代用明天皇の皇子。推古天皇の摂政として活躍。冠位十二階・憲法十七条を制定し集権的官僚国家の基礎を築く一方，遣隋使の派遣によって大陸文化の導入をめざした。また，法隆寺の建立など仏教興隆にも尽力した。

中心人物

飛鳥文化
厩戸王
(聖徳太子)

白鳳文化
天武天皇

天平文化
聖武天皇

中心寺院

飛鳥文化
法隆寺

白鳳文化
薬師寺

天平文化
東大寺

各文化の中心寺院

飛鳥文化，白鳳文化，天平文化は，すべて仏教が中心となった文化です。各文化の中心寺院を押さえておきましょう。

各文化の中心寺院は，当然のことながら各文化の中心人物と密接に関係しています。

飛鳥文化の中心となった寺院は，飛鳥文化の中心人物である厩戸王(聖徳太子)の建立といわれる*法隆寺（ほうりゅうじ）です。

白鳳文化の中心寺院は，白鳳文化の中心人物である天武天皇が皇后の病気が治るようにと建てた*薬師寺（やくしじ）です。天平文化の中心寺院は，天平文化の中心人物である聖武天皇が鎮護国家（ちんごこっか）を実現するために，国家の威信をかけて建立した*東大寺（とうだいじ）ということになります。

ですから，**飛鳥文化は法隆寺の文化，白鳳文化は薬師寺の文化，天平文化は東大寺の文化**と捉えておくとよいでしょう。

影響を受けた文化

次に，それぞれの文化が影響を受けた他国の文化についてです。

飛鳥文化は，朝鮮半島の百済（くだら）(ひゃくさい)や高句麗（こうくり），中国の南北朝文化の影響を

*法隆寺…7世紀初頭，大和の斑鳩（いかるが）に厩戸王が建立したとされる寺院。金堂や歩廊の柱は緩やかなふくらみ(エンタシス)を持つ。このエンタシスはギリシアのパルテノン神殿にもみられる。1993年に日本初の「世界遺産」として登録された。

受けました。こうういうと，１つ疑問が出てきませんか。

「先生，隋の文化や新羅の文化の影響は受けないんですか？」と。

まず隋ですが，隋が建国後に南北朝の統一を果たしたのは，589年です。つまり，当時は隋が建国されてまもないので，隋の文化はまだ出来上がっていないんです。だから，隋の前の時代である南北朝の文化の影響を強く受けたわけです。

新羅については，当時の日本と新羅の関係を思い出してください。日本と新羅は仲が悪かったですよね。そのため, 新羅の文化の影響はうすいのです。

文化史というのは，当然ながら当時の政治や外交などと密接に関係しています。当時の日本と新羅は仲が悪かった。仲が悪くて交流がなければ，文化も入ってきにくい。だから，文化史を勉強する際には，その背景にある**政治や外交などもちゃんと押さえておかないとダメ**なんです。

さて，７世紀後半の白鳳文化は，618年に建国された唐のはじめの頃の文化である初唐文化の影響を受けます。

つづく天平文化の頃は，唐がもっとも栄えた時期にあたりますので，天平文化は盛唐文化の影響を受けることになります。

ところで，この白鳳文化と天平文化を飛鳥文化と比較すると，１つ気がつきませんか？　そうです，白鳳文化と天平文化は朝鮮半島の文化の

＊**薬師寺**…現在の奈良市にある法相宗（→ P.18）の大本山。７世紀後半に天武天皇が皇后の病気平癒を願い，藤原京内に創建。平城京遷都にともなって現在の地に移転される。白鳳美術の宝庫といわれ，金堂薬師三尊像など多数の国宝を所蔵。

影響

飛鳥文化
朝鮮文化
(百済, 高句麗)
＋
南北朝文化

白鳳文化
初唐文化

天平文化
盛唐文化

影響をほとんど受けていないのです。なぜか？　さっきと同じです。当時の時代背景を考えてみてください。白鳳文化と天平文化のときの朝鮮半島はどのような状況だったでしょうか？

そうです，新羅が統一していましたね。そして，日本と新羅は仲が悪い。だから，白鳳文化と天平文化では，朝鮮半島の文化の影響をほとんど受けていないんです。

表 A-1

	飛鳥文化	白鳳文化	天平文化
中心人物	厩戸王（聖徳太子）	天武天皇	聖武天皇
中心寺院	法隆寺	薬師寺	東大寺
影響	朝鮮文化（百済，高句麗）＋南北朝文化	初唐文化	盛唐文化

表 A-2 につづく

ちょきん！

各文化の仏教

表 A-2

それでは，各時代の文化の中心である仏教についてお話をしていきましょう。

まずは，飛鳥文化から。飛鳥文化の頃の仏教のキーワードは**氏寺**（うじでら）です。古墳時代は，古墳が豪族の権威の象徴でした。立派な古墳を築造することが自らの権威を示すことになります。

それに対して，飛鳥文化の頃になると，豪族は古墳にかわって氏寺を建立することで，自らの権威を誇示するようになります。つまり，氏寺が豪族の権威の象徴となっていくわけです。

＊**東大寺**…現在の奈良市にある華厳宗（→ P.18）の大本山。仏教による鎮護国家（→ P.18）の思想を具現化したもので，聖武天皇により創建。正倉院は，東大寺にあった宝庫の中で唯一現存するもの。

氏寺については，当時の代表的な人物の寺院を押さえておきましょう。まず，厩戸王(聖徳太子)の寺院は２つ。**法隆寺**と**四天王寺**(してんのうじ)*です。法隆寺は現存する世界最古の木造建築物として有名です。また，四天王寺については，**飛鳥の地ではなく難波**(なにわ)**(大阪府)の地に建立された**という点を押さえておいてください。

厩戸王(聖徳太子)とともにこの時代に力を持っていたのが，仏教受容を推進した**蘇我馬子**(そがのうまこ)です。ですから，蘇我馬子の建立した蘇我氏の氏寺である**飛鳥寺**(あすかでら)も重要となります。あとは，舒明(じょめい)天皇の創建した百済大寺(くだらおおでら)まで押さえておくと完璧です。

また，厩戸王(聖徳太子)は仏教に詳しく，法華経(ほけきょう)・維摩経(ゆいまきょう)・勝鬘経(しょうまんきょう)の注釈書である**三経義疏**(さんぎょうのぎしょ)を著したといわれています。

白鳳文化の頃になると，大化改新によって権力が中央に集中した影響で，仏教による国家管理が強くなっていきます。その結果，**薬師寺**や**大官大寺**(だいかんだいじ)といった国家による寺院建築が行われるようになります。これを官寺(かんじ)といいます。この時代の建築物に，**薬師寺東塔**(とうとう)があります。白鳳文

＊**四天王寺**…現在の大阪市天王寺区にある寺院。物部守屋(もののべのもりや)討伐の際に厩戸王が四天王に祈願し，見事勝利したため創建された。四天王寺の伽藍(がらん)は南大門・中門・塔・金堂・講堂が一直線に配置されている。荒陵寺(あらはかでら)・天王寺とも呼ばれる。

仏教

飛鳥文化
氏寺

白鳳文化
官寺

天平文化
鎮護国家

化の代表的な建築物として押さえておきましょう。

テーマ1　薬師寺東塔

右の絵を見てください。これが薬師寺東塔です。薬師寺東塔は３重の塔なのですが，絵を見ると６重のように見えますよね。でも，このうちの小さな３つの屋根は*裳階（もこし）という，ひさしのようなものがついているだけなので６重の塔ではなく，３重の塔になるわけです。

この東塔は，薬師寺創建当時から残っている唯一の建築物です。また，明治時代になってこれを見た**フェノロサ**が，その美しさを「**凍（こお）れる音楽**」と評したともいわれています。

さて，天平文化になると，聖武天皇の***鎮護国家**の思想が出てきます。仏教の力で国を安定させようという考え方です。

この鎮護国家推進の一環として，**南都六宗（なんとろくしゅう）**がうまれました。これは現在の仏教の宗派というよりも，仏教の教理を研究する団体といった方がよいでしょう。三論宗（さんろんしゅう）・成実宗（じょうじつしゅう）・倶舎宗（くしゃしゅう）・法相宗（ほっそうしゅう）・華厳宗（けごんしゅう）・律宗（りっしゅう）の６宗派です。華厳宗は東大寺と関連の深い宗派，律宗は**鑑真（がんじん）**と関連の深い宗派です。

天平文化では２人の僧侶を押さえておきましょう。**行基（ぎょうき）**と**鑑真**です。

＊**裳階**…仏堂や仏塔などの軒下壁面に外側に向かって差しかけられたひさし(小さな屋根)，およびその下の空間のこと。法隆寺の金堂や五重塔にもみられる。雨打（ゆた）・雪打（ゆた）ともいう。

行基は当時禁止されていた民間への仏教布教や社会事業を行い，国家の取り締まりを受けた僧侶でした。しかし，行基は庶民の人気が非常に高かったこともあり，のちに僧職の最高位である大僧正となって東大寺の大仏造営に協力することになりました。

鑑真は唐の高僧で，失明しながらもやっとのことで来日して日本に戒律を伝えた僧侶です。

テーマ2　鑑真

当時，正式な僧になるには，得度と呼ばれる出家の儀式をして修行し，授戒を受ける必要がありました。しかし当時，授戒は中国に行かないとできませんでした。そこで日本でも授戒できるようにしようと来日したのが鑑真です。鑑真は，日本への渡来を決意しましたが，５度失敗するなかで目が見えなくなります。しかし，６度目で来日に成功し，戒律のあり方を伝えます。また，聖武太上天皇，孝謙天皇は鑑真より授戒を受けました。

＊**鎮護国家**…仏教の教義にもとづいて国家を鎮め護ること。鎮護国家の思想は奈良時代に興隆期を迎え，国分寺・国分尼寺が各地に建立された。だが，国分寺・国分尼寺の建立は順調には進まなかったらしく，郡司に建立協力の詔も出された。

さらに，鑑真はこの授戒を受けることのできる場所である**戒壇**を東大寺，**筑紫観世音寺**，**下野薬師寺**に設けました。この3つの戒壇を**天下(本朝)三戒壇**といいます。

なお，筑紫観世音寺は玄昉が，下野薬師寺は道鏡がそれぞれ左遷されたところとしても覚えておきましょう。

天平文化の鎮護国家を代表する寺院として，聖武天皇が建立した**東大寺**があります。特に**法華堂**は現存する奈良時代の仏堂として有名です。他に，鑑真が創建した＊**唐招提寺**などが代表的な寺院です。

ここで重要なのが，法隆寺の＊**夢殿**と**伝法堂**です。先ほど法隆寺は飛鳥文化の代表的寺院だと確認しましたね。でも，**夢殿と伝法堂は飛鳥文化ではなく天平文化の代表的な建築物**となります。「法隆寺なのに飛鳥文化じゃない」という仲間はずれパターンは入試でよく問われます。こういった建築物には注意が必要です。

表A-2

	飛鳥文化	白鳳文化	天平文化
仏教	氏寺(**権威の象徴**)	官寺(**国家による寺院建築**)	鎮護国家 **南都六宗** **行基**，**鑑真**
寺院	①飛鳥寺：**蘇我馬子** ②法隆寺：**厩戸王** ③四天王寺：**厩戸王**	①**薬師寺**， **薬師寺東塔** ②**大官大寺**	①東大寺：**法華堂** ②唐招提寺：**金堂**，**講堂** ③**法隆寺**：夢殿，**伝法堂**

表Aおわり

＊**唐招提寺**…金堂と講堂は，現存する貴重な奈良時代の遺構である。

＊**夢殿**…法隆寺の東院の正堂。八角形につくられた仏堂の厨子には，厩戸王等身と伝えられる救世観音像が安置されている。ちなみに救世観音像は飛鳥文化の仏像。

各文化の仏像

表B-1

では，飛鳥文化，白鳳文化，天平文化の仏像をみていきましょう。

まず，飛鳥文化の仏像は，２つの様式の影響を受けます。**北魏様式**と**南朝様式**です。

北魏様式は，飛鳥文化を代表する仏像の様式です。北魏様式の仏像は，飛鳥文化を代表する寺院である法隆寺と飛鳥寺にみることができます。**飛鳥寺**の**釈迦如来像**，**法隆寺**の**金堂釈迦三尊像**が北魏様式の典型的な仏像です。これらはいずれも，仏師である＊**鞍作鳥**の作品です。

北魏様式の仏像は，**端正な表現で力強く男性的**なのが特徴です。他にも，北魏様式の代表的な仏像として法隆寺の夢殿救世観音像があります。夢殿は天平文化の建築物ですが，救世観音像は飛鳥文化の仏像です。

＊**鞍作鳥**…生没年未詳。止利仏師とも。飛鳥時代の仏師で，渡来人である司馬達等の孫といわれる。北魏様式の影響を受けながらも，「止利式」と呼ばれる洗練された作品を残す。

仏像

飛鳥文化
釈迦如来像（飛鳥寺），半跏思惟像（広隆寺・中宮寺）

飛鳥文化でもう１つ重要な仏像の様式は，南朝様式です。南朝様式の仏像は＊**半跏思惟像**が中心です。また，北魏様式の代表が法隆寺の仏像なのに対して，南朝様式の代表的な仏像は，法隆寺ではなく**広隆寺**と**中宮寺**にある半跏思惟像となります。南朝様式の仏像は，**柔和で丸みがある**のが特徴です。

白鳳文化
興福寺仏頭

白鳳文化の代表的な仏像は，**興福寺仏頭**です。これ，仏像の頭だけなんです。頭だけなのにはワケがあります。もとは，山田寺の本尊で全身がそろっていたのですが，それを興福寺の僧兵が持ち出し，その後の火災で焼け残った頭部だけが後世に発見されたのです。

また，薬師寺の仏像である**金堂薬師三尊像**と**東院堂聖観音像**は名称をみて白鳳文化のものであると識別できればOKです。

なお，白鳳文化のこれらの仏像はすべて銅像に鍍金をほどこした**金銅像**です。

天平文化
阿修羅像（興福寺）

天平文化の仏像は，そのつくり方から２つのタイプに分かれます。**乾漆像**と**塑像**です。

まず乾漆像は，読んで字のごとく，

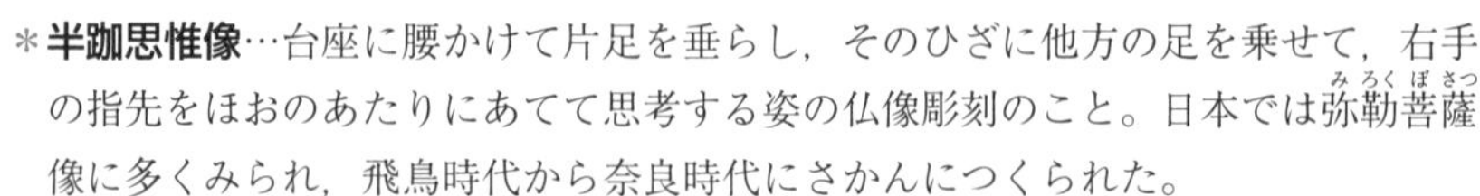
＊**半跏思惟像**…台座に腰かけて片足を垂らし，そのひざに他方の足を乗せて，右手の指先をほおのあたりにあてて思考する姿の仏像彫刻のこと。日本では弥勒菩薩像に多くみられ，飛鳥時代から奈良時代にさかんにつくられた。

漆(うるし)で塗り固めた仏像，塑像は粘土(ねんど)で塗り固めた仏像です。乾漆像は漆を使っている分，仏像をつくる費用がかかります。だから，数が少なく，主にそれぞれの寺院を代表する仏像に用いられます。**東大寺**は法華堂の本尊である**法華堂不空羂索観音像**(ほっけどうふくうけんじゃくかんのんぞう)，**興福寺***は有名な**阿修羅像**(あしゅらぞう)，**唐招提寺**は**鑑真像**(がんじんぞう)がそれぞれ乾漆像となります。

一方，塑像では先ほどの東大寺法華堂不空羂索観音像の両脇に安置されている**日光・月光菩薩像**(にっこう・がっこうぼさつぞう)や，**執金剛神像**(しゅこんごうしんぞう)が代表的です。

表B-1

	飛鳥文化	白鳳文化	天平文化
中心人物	厩戸王(聖徳太子)	天武天皇	聖武天皇
中心寺院	法隆寺	薬師寺	東大寺
仏像	①北魏様式 (1)飛鳥寺釈迦如来像 (2)法隆寺金堂釈迦三尊像 (3)法隆寺夢殿救世観音像 ②南朝様式 (1)広隆寺半跏思惟像 (2)中宮寺半跏思惟像	①興福寺仏頭：もと山田寺本尊 ②薬師寺 (1)金堂薬師三尊像 (2)東院堂聖観音像	①乾漆像 (1)東大寺法華堂不空羂索観音像 (2)興福寺阿修羅像 (3)唐招提寺鑑真像 ②塑像 (1)東大寺法華堂日光・月光菩薩像 (2)東大寺法華堂執金剛神像

ちょきん！

表B-2 につづく

各文化の絵画・工芸

表B-2

つづいては絵画・工芸です。

＊**興福寺**…現在の奈良市にある法相宗の大本山。藤原鎌足の私寺である山階寺(やましなでら)を前身とし，藤原不比等によって奈良に移転。以後，藤原氏の氏寺として栄える。平安時代には，大荘園の領主として権勢を誇った。

絵画・工芸

飛鳥文化
玉虫厨子（法隆寺）

白鳳文化
金堂壁画（法隆寺）

天平文化
正倉院宝物

飛鳥文化は法隆寺の文化ですから，工芸品もほとんどが法隆寺のものとなります。**玉虫厨子**（たまむしのずし）や**獅子狩文様錦**（ししかりもんようきん）が代表的な工芸品です。玉虫厨子に描かれている**須弥座絵**（しゅみざえ）や**扉絵**（とびらえ）が飛鳥文化の代表的な絵画となります。獅子狩文様錦は，４騎のペガサスに乗った狩猟者と４頭の獅子が描かれています。中国だけではなく西アジアやインド，そしてギリシアの影響も受けているのです。***天寿国繡帳**（てんじゅこくしゅうちょう）**だけが中宮寺**なので，寺院名をしっかり押さえておきましょう。

白鳳文化の絵画は２つ。いずれも現代史と関連の深い**壁画**（へきが）です。

まずは**法隆寺金堂壁画**（こんどうへきが）。これは 1949 年に焼損してしまいました。翌 1950 年に文化財保護法が制定されるきっかけの１つともなった出来事です。また，この壁画は法隆寺の壁画ですが，**飛鳥文化ではなく白鳳文化**に含まれます。よって，注意が必要です。白鳳文化と識別できるようにしましょう。

もう１つの**高松塚古墳壁画**（たかまつづかこふんへきが）は，1972 年に発見された壁画で，発見当時は非常に綺麗な彩色をしていたのですが，その後の保存状態のせいで，現在では当時の面影（おもかげ）がほとんどなくなっており，文化財保護の方法を考えさせられる出来事となりました。

＊**天寿国繡帳**…天寿国曼荼羅（まんだら）繡帳ともいう。厩戸王の死後，妃の橘大郎女（たちばなのおおいらつめ）が彼を偲（しの）んでつくらせたもの。厩戸王が往生（おうじょう）する天寿国の有様を写した飛鳥時代の刺繡の帳（とばり）（垂れ布）。

天平文化の工芸品は現在もたくさん残っています。そのほとんどは**東大寺**の**正倉院**(しょうそういん)という倉に安置されていました。この倉は**校倉造**(あぜくらづくり)という通風や温度湿度の管理が優れているとされる建築様式であるため，多数の工芸品が当時の面影を残しています。**螺鈿紫檀五絃琵琶**(らでんしたんのごげんびわ)などが有名です。これらは，遣唐使(けんとうし)を通じて日本にもたらされたもので，国際色豊かなものばかりです。

絵画については，３種類です。

まずは**仏画**(＊ぶつが)。仏画なので寺院に安置されています。とりわけ有名なのは，**薬師寺**の**吉祥天像**(きちじょうてんぞう)。薬師寺といえば白鳳文化ですが，この吉祥天像は天平文化に含まれます。これも注意が必要ですね。

次は，寺院ではなく聖武天皇の遺品を納めた正倉院にある『**鳥毛立女屏風**(ちょうもうりゅうじょびょうぶ)』です。また，最古の絵巻物(えまきもの)として『**過去現在絵因果経**(かこげんざいえいんがきょう)』があります。

表B-2

	飛鳥文化	白鳳文化	天平文化
ちょきん!			
絵画・工芸	①法隆寺玉虫厨子 ②法隆寺獅子狩文様錦 ③中宮寺天寿国繡帳	①法隆寺金堂壁画 ②高松塚古墳壁画	①正倉院宝物 ②薬師寺吉祥天像 ③『正倉院鳥毛立女屏風』 ④『過去現在絵因果経』

表Bおわり

＊**仏画**…仏教絵画の略。礼拝を目的とした仏や菩薩などの画像。仏教伝来後，日本でも数多くの仏画が制作された。仏画が描かれ始めた当初は渡来人である画師が主な担い手だった。のちに日本人の画工も登場し，大規模な画工集団が組織された。

これは押さえよう！

これで，飛鳥文化，白鳳文化，天平文化を対比しながら押さえるとよい事項の説明が終わりました。それでは，残りの部分について解説していきます。

飛鳥文化では，**観勒**と**曇徴**という２人の僧侶を押さえておきましょう。**観勒**は**百済**の僧侶で**暦法***を伝え，**曇徴**は**高句麗**の僧侶で**彩色**や**紙**，**墨**を伝えました。**この２人を逆にして覚えないように**注意です。

白鳳文化では，奈良時代の和歌集である『**万葉集**』と奈良時代の漢詩集である『**懐風藻**』に出てくる代表的な歌人を押さえておきましょう。

『万葉集』では，**額田王**と**柿本人麻呂**があげられます。『懐風藻』では**大津皇子**と**大友皇子**です。彼らは奈良時代の歌集，漢詩集に登場する人物ですが，奈良時代の人物ではないという点がよくねらわれます。

天平文化では，１）編さん事業，２）文学作品，３）教育事業について押さえる必要があります。

まず，編さん事業として，『**古事記**』と『**日本書紀**』の違いをみておきましょう。

『古事記』は天武天皇の命で**稗田阿礼**が繰り返し読んで覚えた内容を，

＊**暦法**…暦をつくるための基準，法則。暦法には太陽暦と太陰太陽暦，太陰暦の３種類があり，日本では太陰太陽暦がもっとも長く明治初頭まで使用されていた。

太安万侶が筆録したもので，「帝紀」・「旧辞」の流れを汲むものです。元明天皇に献上されました。

一方，『日本書紀』は舎人親王が中心となって編さんしたもので，朝廷による編さん史書である**六国史**の最初となるものです。

また，『**風土記**』という各地の様子を筆録させたものもつくられました。出雲国（現島根県）の『風土記』だけは現在も完全な状態で残っています。

文学作品では，白鳳文化のところでも登場した『**万葉集**』と『**懐風藻**』です。『万葉集』は，**万葉がな**という特殊なかなで和歌を表現したもので，貴族の歌以外に東国の庶民の歌である**東歌**や**防人歌**も収録されています。また，**山上憶良**の**貧窮問答歌**も『万葉集』に収録されています。『懐風藻』は現存最古の漢詩集です。

奈良時代の詩人では**淡海三船**と**石上宅嗣**が有名です。石上宅嗣は**芸亭**という私設図書館を開きました。

教育事業としては，中央に大学，地方に国学が置かれました。国学は郡司の子弟を優先的に教育した施設です。

さあ，これで飛鳥文化，白鳳文化，天平文化のポイントが押さえられたと思います。第２章では平安時代の文化についてやりますよ。

＊**六国史**…奈良〜平安時代に律令国家が編さんした６つの歴史書で，『日本書紀』『続日本紀』『日本後紀』『続日本後紀』『日本文徳天皇実録』『日本三代実録』の総称。いずれも漢文・編年体で記述されている。

第1章 これをチェック！ 飛鳥・白鳳・天平文化

おつかれさまでした。さあ，力がついたかどうか試してみましょう。各文化の代表的な名称をチェックして，間違えたら，もう一度本文に戻ってください。

飛鳥文化

❶北魏様式：法隆寺金堂(釈迦三尊)像
❷南朝様式：中宮寺(半跏思惟)像

白鳳文化

❸(興福)寺仏頭
❹(高松塚)古墳壁画

天平文化

❺(正倉)院宝物
❻(東大)寺(法華)堂不空羂索観音像
❼(興福)寺阿修羅像
❽薬師寺(吉祥天)像

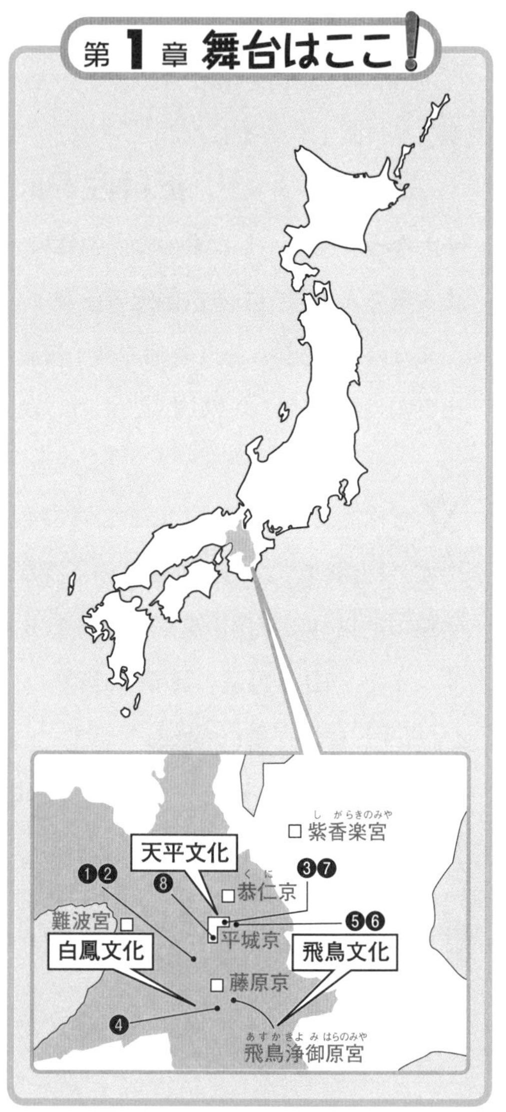

さあ，最後に，第1章全体の表(P10～11)に戻ってください。最初はただの表だった。でも今なら，1つ1つの言葉の意味と表全体の流れが，はっきりみえると思いますよ！

794

平安時代の文化

794 〜 1185

メイン講義

第１部　平安時代の文化①
第２部　平安時代の文化②

テーマ講義

空也上人像
貴族の服装

1185

こんにちは，日本史の金谷です。金谷俊一郎です。

平安時代の文化はいろいろ覚えなくちゃいけないから大変だ，と思っていませんか？　平安時代は約400年もあります。この約400年を３つの文化に分けて，「なぜ」と「流れ」を意識すれば，難なく覚えることができます。がんばっていきましょう。

▼ 第2章　早わかり講義 ▼

Track	内容
03	第１部　平安時代の文化①
04	第２部　平安時代の文化②

URL ▶ https://www.toshin.com/tb_audio/xerp/　PW ▶ Tb852Bk

第2章ってどんなカンジ？

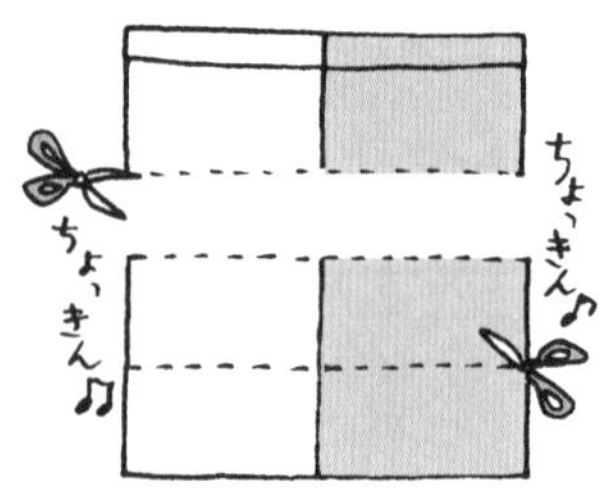

これが第２章。盛りだくさんだけど「イヤだなあ」と思う前に，まずは本文を読んでみてください。授業の途中に，はさみで切り取られた表がまとめとして出てきます。この表は，あとで頭の整理に使ってくださいね。

表A　平安時代の文化の対比①

		弘仁・貞観文化	国風文化	院政期の文化
1 P37	仏教	◆密教 現世利益 貴族が愛好 ①天台宗：最澄 ⑴円仁（山門派） ⑵円珍（寺門派） ②真言宗：空海	◆浄土教 極楽浄土への往生 末法思想 ①空也（市聖） ②源信（恵心僧都） 『往生要集』 ③往生伝 『日本往生極楽記』	◆浄土教 地方に波及 聖・上人の活躍
2 P41	建築	①山岳寺院 ⑴延暦寺：比叡山 ⑵金剛峰寺：高野山 ②教王護国寺（東寺） ③室生寺：金堂，五重塔	◆阿弥陀堂建築 ①平等院鳳凰堂 ②法界寺阿弥陀堂 ◆寝殿造	◆地方の寺院建築 ①中尊寺金色堂 ②白水阿弥陀堂 ③富貴寺大堂 ④三仏寺投入堂
	彫刻	◆一木造，翻波式 ①薬師寺僧形八幡神像 ②観心寺如意輪観音像 ③教王護国寺講堂不動明王像	◆寄木造：定朝により完成 ①平等院鳳凰堂阿弥陀如来像 ②法界寺阿弥陀如来像	臼杵磨崖仏

表B　平安時代の文化の対比②

		弘仁・貞観文化	国風文化	院政期の文化
1 P45	宗教画	◆曼荼羅（密教世界） ①神護寺両界曼荼羅 ②教王護国寺両界曼荼羅 ③園城寺不動明王像	◆来迎図 ①高野山聖衆来迎図 ②平等院鳳凰堂扉絵	◆装飾経 ①『平家納経』：厳島神社 ②『扇面古写経』：四天王寺
	絵画	唐絵	大和絵：巨勢金岡	絵巻物
	神道	①神仏習合 神宮寺，鎮守 ②修験道	本地垂迹説	
2 P51	書道・芸能	◆三筆：唐様の名手 嵯峨天皇 空海 橘逸勢	◆三跡（蹟）：和様の名手 藤原佐理 藤原行成 小野道風	◆今様 『梁塵秘抄』
	文学	◆漢文学 ①『凌雲集』 ②『文華秀麗集』 ③『経国集』 ④『性霊集』（空海）	◆詩歌 『古今和歌集』：最初の勅撰和歌集 ◆かな物語 『竹取物語』 ◆日記 『土佐日記』 ◆随筆 『枕草子』 ◆歴史物語 『栄花（華）物語』	◆説話集 『今昔物語集』 ◆軍記物語 ①『将門記』 ②『陸奥話記』 ◆歴史物語 ①『大鏡』 ②『今鏡』
	学問	①大学別曹 ②綜芸種智院（空海）	陰陽道：物忌，方違	

世紀	時代（中国）	時代（日本）		天皇	主な出来事
8	唐	平安		桓武	794年 平安京遷都
			弘仁・貞観文化	嵯峨	810年 平城太上天皇の変
9				清和	858年 藤原良房が清和天皇の摂政に
			国風文化	醍醐	延喜・天暦の治
					907年 唐の滅亡
10	宋				960年 宋の建国
					藤原道長・頼通の政治
11				白河	
			院政期の文化	堀河	1086年 白河上皇が院政を開始
				後白河	1156年 保元の乱
12					1167年 平清盛，太政大臣に

第1部　平安時代の文化①

各文化の時代区分

表 A-1

さて，今回は平安時代の文化についてみていきます。

平安時代の文化は３つの時期に分けることができます。**弘仁（こうにん）・貞観（じょうがん）文化**，**国風文化**，**院政期の文化**です。

弘仁・貞観文化は，平安時代の初期，つまり**平安京に遷都（せんと）**した当時の９世紀の文化になります。弘仁・貞観文化の中心人物は**嵯峨天皇（さがてんのう）**です。平安京に遷都した桓武天皇（かんむてんのう）の子です。

国風文化は，摂関政治（せっかんせいじ）を行っていた藤原氏（ふじわらし）がもっとも栄えた10世紀から11世紀の文化です。そのため藤原文化ともいいます。

院政期の文化は，院政がさかんになった12世紀の文化です。

弘仁・貞観文化	９世紀の文化
国風文化	10世紀から11世紀の文化
院政期の文化	12世紀の文化

弘仁・貞観文化の仏教

まずは仏教から。

弘仁・貞観文化の仏教といえば**密教（みっきょう）**＊です。

密教とは一言でいうと，**加持祈禱（かじきとう）を行うことで現世利益（げんぜりやく）を求める**宗教です。これでは，わかりにくいですね。まず現世利益とは，今生きてい

＊**密教**…病気や災難などを祓（はら）うために呪文を唱え，神仏に祈る加持祈禱を重んじる。仏の境地に達した者にしか示されない秘密の教えを伝授するのが密教なのに対し，言葉や文字で明らかに説いて示した教えを顕教（けんぎょう）という。

る世の中で得られる利益のことです。

たとえば，出世したいとか，もっとお金持ちになりたいとか，幸せになりたいとかです。そのような宗教であったために，出世を望む**貴族を中心に愛好**されました。この現世利益を求めるために，加持祈禱という独特の祈りを捧げることが密教なのです。

弘仁・貞観文化に始まった新しい仏教は２つあります。＊**最澄**が開いた**天台宗**と，＊**空海**が開いた**真言宗**です。

天台宗は，最澄の生きているときは密教ではなかったのですが，最澄の死後，密教化していきます。また，最澄の死後，天台宗は**円仁**を中心とする**山門派**と，**円珍**を中心とする**寺門派**に分かれます。

もう１つの**真言宗**は，天台宗とは異なり，開祖である空海が生きているときから密教だったのがポイントです。

国風文化の仏教は？

それが，国風文化になると現世利益よりも死んだあとに**極楽浄土に行くことを願う教え**が流行していきます。極楽浄土への往生を願う教えを**浄土教**といいます。浄土教は，**阿弥陀仏**という仏様を信仰し，念仏

＊**最澄**…平安時代初期の僧であり，天台宗の開祖。諡号（生前の行いを尊んで死後に贈られる名前）は伝教大師。804年に遣唐使として留学し，天台の教義や密教，禅を学んだ。天台宗は最澄の死後密教化し，台密と呼ばれるようになった。

を唱えることで極楽浄土への往生を願うというものです。阿弥陀仏という仏様は，人々を極楽に連れていってくれる仏様です。念仏とは「南無阿弥陀仏」と唱えること。「南無」というのは，「おすがりします」という意味なので「阿弥陀様におすがりしますので，どうか私を極楽に連れてってください」ってお頼みするわけです。

では，なぜ国風文化になると浄土教が流行していくのか？　それは当時の時代背景を考えればわかります。

弘仁・貞観文化は，嵯峨天皇を中心とした時代の文化です。当時の貴族といえば，藤原氏の他にも伴氏や橘氏などの有力貴族がいて権力争いを繰り返していました。つまり，この当時は貴族たちには出世の道があったわけです。だから**現世利益を求める密教がはやる**わけです。

しかし，国風文化は藤原氏が力を持ち，権力争いもなくなってしまった時代の文化です。弘仁・貞観文化の時代と比べると，出世のしにくい時代といえます。他の貴族はもちろん藤原氏だって，生まれた家である程度地位が決まってしまうんです。だから，現世利益を求めることの意味がうすれていく。そこから，極楽浄土への往生を願う，つまり**現世ではなく来世に救いを求める**ようになる。そこで浄土教が流行するわけです。

浄土教がはやった背景には，**末法思想**があります。末法思想とは，釈迦が亡くなって2000年経つと，世の中がドンドン悪くなっていくとい

＊**空海**…平安時代初期の僧で真言宗の開祖。諡号は弘法大師。804年，唐に留学。長安で密教を学んだのち帰国し，真言宗を開く。南都仏教とは協調しながら真言宗の流布に努めた。真言宗は台密に対し，東密と呼ばれる。

仏教2
弘仁・貞観文化
最澄，空海
国風文化
空也，源信
院政期の文化
聖・上人

う考えです。1052年がちょうど釈迦が亡くなってから2000年目となります。この年を境に，世の中が末法という仏法の衰えた時代に入ってしまうとされました。そのため，人々はますます来世への救いを求めるようになったのです。

浄土教を初期に説いたのが***空也**(くうや)という人物です。空也は10世紀半ばに活躍した人物です。ただ，空也の時代は，貴族はまだまだ現世利益を求める密教の方を好んでいました。そのため，空也は民間に浄土教の布教を行いました。空也の別名を市聖(いちのひじり)といいますが，京の市で民間への布教を行ったところからくるわけです。

テーマ1　空也上人像

六波羅蜜寺(ろくはらみつじ)にある**空也上人像**，皆さん知っていますか。あの口からピューって出てるヤツ(笑)。あれは何かというと，「**南無阿弥陀仏**」の6文字です。空也が南無阿弥陀仏を唱えると，その言葉が仏様になったという話からつくられたものです。空也は国風文化の時代の人物ですが，この肖像は，国風文化の時代ではなく鎌倉文化の時代につくられたものなんですよ。

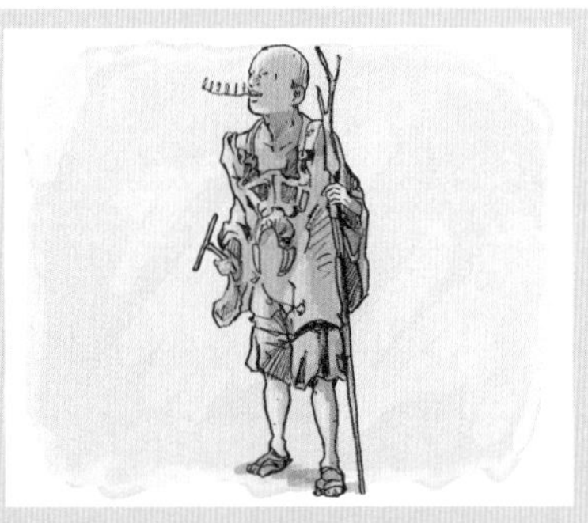

＊**空也**…平安時代中期の僧。諸国をまわって社会事業を行うとともに，庶民層に念仏を勧め，浄土教の布教に貢献する。市聖，阿弥陀聖とも呼ばれ，西光寺(のちの六波羅蜜寺)を建立した。六波羅蜜寺には空也上人像が安置される。

空也の次に登場するのが，*源信(恵心僧都)です。源信は，10世紀後半に活躍した人物です。源信は，どうやったら極楽浄土に往生することができるのかを具体的に示した本を著します。それが『**往生要集**』です。この『往生要集』をきっかけに，貴族の間でも浄土教が広まっていくようになります。

浄土教が広まっていくと，**往生伝**といったものが書かれるようになります。これは，実際に極楽浄土に往生したとされる人の伝記を集めたものです。この本を読んで，「よ～し，私もこうやって極楽行くぞ～」とモチベーションを高めるわけです。往生伝の代表的なものに，**慶滋保胤**の『**日本往生極楽記**』があります。

院政期の文化の頃になると，浄土教が地方に波及していきます。**聖**や**上人**と呼ばれた寺院に属さない民間の宗教者たちが，全国に出向いて浄土教を広めていくようになるわけです。

表A-1

	弘仁・貞観文化	国風文化	院政期の文化
仏教	◆密教 現世利益 貴族が愛好 ①天台宗：最澄 (1)円仁(山門派) (2)円珍(寺門派) ②真言宗：空海	◆浄土教 極楽浄土への往生 末法思想 ①空也(市聖) ②源信(恵心僧都) 『往生要集』 ③往生伝 『日本往生極楽記』	◆浄土教 地方に波及 聖・上人の活躍

表A-2につづく

ちょきん!

*源信…平安時代中期の天台宗の僧。恵心僧都とも呼ばれる。比叡山で天台宗の首座である良源に学び，『往生要集』を著す。この著書の中で源信は浄土信仰の根拠を示し，浄土教の発展に大きく寄与した。

建築は？

表 A-2

つづいては，建築です。

弘仁・貞観文化では，山岳に寺院が建築されることが多くなります。

天台宗の総本山は，**比叡山**の**延暦寺**。真言宗の総本山は，**高野山**の**金剛峰寺**です。

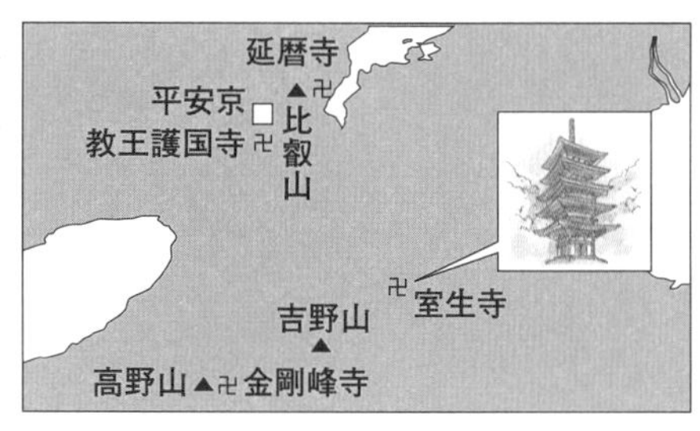

また，同じ真言宗の室生寺も山岳の寺院です。室生寺は金堂と五重塔が弘仁・貞観文化の建築です。

なお，真言宗寺院には，金剛峰寺や室生寺の他に嵯峨天皇が空海に与えた＊**教王護国寺**(東寺)があります。これは平安京の中に建立された寺院で山岳の寺院ではありませんので気をつけてください。

国風文化では，先ほど浄土教が流行するようになるとお話をしましたね。つまり，この頃には極楽浄土へ往生するために阿弥陀仏を信仰しようという発想がうまれてくるわけです。

この阿弥陀仏を安置するお堂のことを**阿弥陀堂**といいます。極楽に行きたい貴族たちは競って阿弥陀堂をつくるようになるので国風文化の建築は阿弥陀堂が中心となるわけです。

＊**平等院鳳凰堂**や，**法界寺阿弥陀堂**などがその代表的なものです。平等院鳳凰堂は**藤原頼通**が建立した阿弥陀堂ということで有名です。10

＊**教王護国寺**…東寺とも。京都市南区に位置する。823年，嵯峨天皇から空海が賜わり，密教の根本道場となった。古代・中世史の基本史料として有名な東寺百合文書など，数多くの文化財が所蔵されている。

円玉の表にも描かれています。

また，国風文化の建築で忘れてはならないのが，**寝殿造**です。右の図のように，中央の寝殿と，その両脇の対屋という建物が，渡殿という廊下で結ばれ，庭園には池や中島が置かれました。

院政期の文化の頃には，浄土教の地方への波及にともない，地方でも阿弥陀堂がさかんにつくられます。地方の寺院建築の代表的なものを下の地図にまとめたので押さえておきましょう。その際，それぞれ建物の名称とともに，置かれた場所の旧国名と現在の名称を押さえる必要があります。

＊**平等院鳳凰堂**…京都府宇治市にある平等院の阿弥陀堂。平等院はもともと宇治の別荘であったが，1052年に藤原頼通（藤原道長の子）によって仏寺とされた。平安時代中期の仏師である定朝作の阿弥陀如来像などがある。

彫刻

弘仁・貞観文化

一木造

国風文化

寄木造

定朝が完成

院政期の文化

臼杵磨崖仏

彫刻は？

つづいて，彫刻です。

弘仁・貞観文化の彫刻は**一木造**（いちぼくづくり）という技法で，一本の木から丁寧に彫り込まれます。また，衣のしわを表現する**翻波式**（ほんぱしき）という技法も採用されます。

代表的なものには，**薬師寺**（やくしじ）の**僧形八幡神像**（そうぎょうはちまんしんぞう）や，**観心寺如意輪観音像**（かんしんじにょいりんかんのんぞう），**教王護国寺講堂不動明王像**（きょうおうごこくじこうどうふどうみょうおうぞう）があります。薬師寺といえば白鳳文化を代表する寺院でしたが，薬師寺の僧形八幡神像だけは弘仁・貞観文化になります。これは注意が必要ですね。

国風文化になると，阿弥陀仏信仰がさかんになりますよね。阿弥陀仏にすがりたいのは，貴族だけではありません。すべての人です。その結果，阿弥陀仏の仏像の需要がものすごく増えます。そこで，仏像を大量生産する技法がうまれました。それが**寄木造**（よせぎづくり）です。寄木造は，仏像をパーツごとに分けて彫っていき，それを集めてつくるので効率的なのです。

この寄木造の技法を完成させたのが**定朝**（＊じょうちょう）です。国風文化の代表的な仏像は，**平等院鳳凰堂**の**阿弥陀如来像**や，**法界寺**の**阿弥陀如来像**です。国風文化の仏像ですから，どちらも阿弥陀如来像となるわけです。

＊**定朝**…平安時代中期の仏師。法成寺の仏像を完成させたのち，その功績を認められ，宮廷や藤原氏の命で多くの仏像を制作し寄木造の技法を大成した。定朝様と呼ばれる優美な様式は，後世の造仏の規範とされた。

院政期の文化の仏像では，臼杵磨崖仏（うすきまがいぶつ）を押さえておくとよいでしょう。磨崖仏とは，山の岩肌に直接彫られた仏像のことです。現在の大分県臼杵市にあるので臼杵磨崖仏といい，なんと60体超もあります。磨崖仏はこの頃さかんにつくられ，今でも全国各地に残っています。

表 A-2

	弘仁・貞観文化	国風文化	院政期の文化
建築	①山岳寺院 (1)延暦寺：比叡山 (2)金剛峰寺：高野山 ②教王護国寺（東寺） ③室生寺：金堂，五重塔	◆阿弥陀堂建築 ①平等院鳳凰堂 ②法界寺阿弥陀堂 ◆寝殿造	◆地方の寺院建築 ①中尊寺金色堂 ②白水阿弥陀堂 ③富貴寺大堂 ④三仏寺投入堂
彫刻	◆一木造，翻波式 ①薬師寺僧形八幡神像 ②観心寺如意輪観音像 ③教王護国寺講堂不動明王像	◆寄木造：定朝により完成 ①平等院鳳凰堂阿弥陀如来像 ②法界寺阿弥陀如来像	臼杵磨崖仏

表Aおわり

第2部　平安時代の文化②

宗教画
弘仁・貞観文化
曼荼羅
国風文化
来迎図
院政期の文化
装飾経

第1部のおさらい

表B-1

最初に，第1部の復習を簡単にしておきましょう。弘仁・貞観文化は密教が流行していましたね。それが国風文化になると浄土教が流行するようになり，院政期の文化でその浄土教が地方に広がりました。このことを頭に入れて，平安時代の宗教画からみていきましょう。

曼荼羅や来迎図の登場

絵画
弘仁・貞観文化
唐絵
国風文化
大和絵
院政期の文化
絵巻物

弘仁・貞観文化は密教の時代なので**曼荼羅**（まんだら）が登場します。曼荼羅とは**金剛界**（こんごうかい）**と胎蔵界**（たいぞうかい）**という密教世界を描いたもの**です。弘仁・貞観文化は密教がさかんな文化ですから，宗教画も当然密教に関係するわけです。

曼荼羅の代表的なものに，**神護寺**（*じんごじ）の**両界曼荼羅**（りょうかい）や，**教王護国寺**の**両界曼荼羅**などがあります。両界とは，金剛界と胎蔵界の両方の世界という意味です。

また，密教に関する絵画も描かれます。**園城寺**（おんじょうじ）の**不動明王像**（ふどうみょうおうぞう）が代表的なものです。不動明王は，密教では重要な仏様です。仏像のところでも出てきましたよね。教王護国寺の不動明王像です。園城寺の不動明王像は宗教画ですが，教王護国寺の不動明王像は仏像ですから彫刻となります。

＊**神護寺**…京都市右京区にある高野山真言宗の別格本山。空海が道場とした高雄山寺と和気氏の氏寺である神願寺を合併して，神護国祚（こくそ）真言寺とした。一時衰えたが，真言宗の僧である文覚（もんがく）が後白河法皇や源頼朝らの保護を受け復興した。

国風文化の宗教画は，**来迎図**（らいごうず）です。来迎図とは，往生しようとする人を迎えに阿弥陀仏がこの世に降りてこられた様子を描いた図のことです。国風文化は浄土教が流行した時代ですから，当然宗教画にもその影響が表れます。

来迎図の代表的なものには，**高野山**の**聖衆来迎図**（しょうじゅらいごうず）や，**平等院鳳凰堂**の**扉絵**（とびらえ）などがあります。

院政期の文化では，**装飾経**（そうしょくきょう）がさかんになります。装飾経とは，装飾された経典（きょうてん）のことです。この時代のものは大和絵（やまとえ）で飾り立てられ，安芸国（あきのくに）(現広島県)の**厳島神社**（いつくしま）に奉納されている**『平家納経』**（へいけのうきょう）や，摂津国（せっつのくに）(現大阪府)の**四天王寺**（してんのうじ）に納められている**『扇面古写経』**（せんめんこしゃきょう）*などが代表的です。『扇面古写経』の下絵には，京都市中の様子が描かれ，当時の人々の生活ぶりを知ることができます。

院政期の文化の場合，文化が地方に波及していることが特徴なので，それぞれ場所をP.39の地図で押さえておいてください。

絵画は中国風から日本風へ

次は絵画です。弘仁・貞観文化のときは，中国の絵画を模した**唐絵**（からえ）が描かれました。

それが，国風文化になると，日本風な**大和絵**が描かれるようになります。その理由は大丈夫ですか。国風文化のきっかけとなる出来事は何で

＊**『扇面古写経』**…平安時代末期の装飾経。作者不詳。扇形に切った料紙(扇面)に当時の風俗や風景を描き，そこに法華経などの経典の経文を書写したもの。金箔などを使用した非常に豪華な装飾で，美術品としても価値が高い。

神道
弘仁・貞観文化
神仏習合
国風文化
本地垂迹説

しょう？　そう，894年の遣唐使廃止です。つまり，唐から文化が入ってこなくなります。だから，弘仁・貞観文化の唐絵が，国風文化では大和絵になるわけです。大和絵の代表的な画家には***巨勢金岡**がいます。

院政期の文化の頃には，この大和絵に詞書という文章を入れて物語風に展開させた**絵巻物**が描かれるようになります。『源氏物語』を題材にした『**源氏物語絵巻**』，伴善男が応天門に放火した事件（応天門の変，866年）を題材にした『**伴大納言絵巻**』などが代表的です。

また，当時の社会を風刺し，動物を擬人化して描いた『**鳥獣戯画**』も院政期の文化を代表する絵巻物です。あと，『**信貴山縁起絵巻**』については信貴山にあるお寺を再興した人のお話ですが，院政期の絵巻物であると時期が識別できれば大丈夫です。

神道は？

次は神道です。

弘仁・貞観文化の頃には，神道と仏教の融合である***神仏習合**がさかんになります。神社の境内に建立された寺院である**神宮寺**や，寺院内に置かれた神棚に祀られる**鎮守**などが代表的です。彫刻のところで出てき

＊**巨勢金岡**…平安時代初期の宮廷画師。生没年不詳。唐絵を描くとともに，日本の風景画や風俗画を制作し，後世に大和絵の祖といわれた。作品は現存しない。

た薬師寺の僧形八幡神像がありましたね(→ P.40)。これは，実物を見てもらうとわかるように，僧侶の姿をした彫刻なのですが，「僧形八幡**神像**」です。つまり，神様をかたどった像ということになるわけです。僧侶の形をしているのに神様の像である。これこそ，神仏習合を象徴するような彫刻なのです。

あと，弘仁・貞観文化では，建築のところで山岳寺院というのをやりましたね。山岳寺院がつくられた背景には，山岳での修行を通じて悟りを開こうとする**修験道**(しゅげんどう)が当時あったこととも関係があるわけです。

国風文化になると，**神は仏の権現**(ごんげん)**である**という考えがうまれてきます。これが**本地垂迹説**(ほんじすいじゃくせつ)です。神は仏の権現というのは，神様とは仏様が姿形をかえてこの世に現れてきたものである，という考え方です。つまり，神様というのは，みかけは神様だけど実は仏様なんだって考え方です。

表B-1

	弘仁・貞観文化	国風文化	院政期の文化
宗教画	◆曼荼羅(密教世界) ①神護寺両界曼荼羅 ②教王護国寺両界曼荼羅 ③園城寺不動明王像	◆来迎図 ①高野山聖衆来迎図 ②平等院鳳凰堂扉絵	◆装飾経 ①『平家納経』：厳島神社 ②『扇面古写経』：四天王寺
絵画	唐絵	大和絵：巨勢金岡	絵巻物
神道	①神仏習合 神宮寺，鎮守 ②修験道	本地垂迹説	

表B-2 につづく

ちょきん！

＊**神仏習合**…日本固有の神の信仰(神祇信仰)と外来の仏教信仰との融合。奈良時代頃におこり，平安時代には神仏は本来同じものとする考え方も登場した。明治時代初期に，政府によって神仏分離が実施されるまでつづいた。

書道・芸能

弘仁・貞観文化

三筆

国風文化

三跡(蹟)

院政期の文化

今様

書道もチェック！

表B-2

書道ですが，弘仁・貞観文化では，**唐様**(からよう)といわれる中国風の書道がもてはやされます。この唐様の名手３名を**三筆**(さんぴつ)といいます。三筆は，**嵯峨天皇**，**空海**，**＊橘逸勢**(たちばなのはやなり)の３名です。

弘仁・貞観文化は，嵯峨天皇の文化ともいえるので，嵯峨天皇が関わっていると押さえるとよいでしょう。あと，平安時代の初期に遣唐使とともに唐におもむいた空海と橘逸勢が入ります。ただし，最澄は三筆に入らないので注意してください。

国風文化になると，中国風ではない，和風の書道(＝和様(わよう))がもてはやされるようになります。和様の名手のことを**三跡(蹟)**(さんせき)といいます。三跡(蹟)は，**藤原佐理**(ふじわらのすけまさ)(さり)，**藤原行成**(ふじわらのゆきなり)(こうぜい)，**＊小野道風**(おののみちかぜ)(とうふう)の３名です。３名中２名が藤原姓です。国風文化を別名藤原文化ということからもわかるように，藤原氏が文化の担い手であったということになるわけです。

この三筆と三跡(蹟)をごっちゃにしないように注意してください。

三筆（＝唐様）… 嵯峨天皇，空海，橘逸勢
三跡（蹟）（＝和様）… 藤原佐理，藤原行成，小野道風

三筆は，弘仁・貞観文化ですから，唐風の書道の名手で，メンバーに

＊**橘逸勢**…三筆の１人で，平安時代初期の官人・能書家。804年，空海や最澄らとともに留学生(るがくしょう)として唐にわたり，806年に帰国。842年，伴健岑(とものこわみね)らと承和の変を企てたとして伊豆(いず)に配流，移送中に病死した。

は弘仁・貞観文化に活躍した嵯峨天皇や空海が入っている。三跡(蹟)は，国風文化ですから，和風の書道の名手で，メンバーには藤原氏の藤原佐理，藤原行成が入っている。このように押さえましょう。

院政期の文化は芸能を押さえよう！

院政期の文化では，書道というのは特に押さえるものもないので，かわりに芸能を押さえましょう。**今様**(いまよう)とは読んで字のごとく，「今風の歌」つまり「はやり歌」という意味です。当時の流行歌を集めた本が『**梁塵秘抄**(りょうじんひしょう)』で，平安時代末期の院政を代表する**後白河上皇**(ごしらかわじょうこう)が編さんしたものです。後白河上皇は今様を歌いすぎてノドをからしたという逸話も残っています。現在でいうカラオケにはまった人みたいですね。

文学は？

今度は文学です。

弘仁・貞観文化は，絵画でも書道でも唐風のものが好まれましたね。文学も同様に唐風のものが好まれました。それが**漢文学**です。弘仁・貞観文化では，天皇の命令による勅撰の漢詩文集がつくられます。

まずは，嵯峨天皇の勅撰である『**凌雲集**(りょううんしゅう)』と『**文華秀麗集**(ぶんかしゅうれいしゅう)』，そして淳和天皇(じゅんなてんのう)の勅撰である『**経国集**(けいこくしゅう)』。この3つを押さえましょう。

ちなみに，奈良時代の『懐風藻(かいふうそう)』は勅撰の漢詩文集ではありませんの

＊**小野道風**…三跡(蹟)の1人で，平安時代中期の書家。祖父は漢学者・歌人である小野篁(おののたかむら)。書道に秀で，和様書道の基礎を築いた。その筆跡を野蹟(やせき)という。

文学

弘仁・貞観文化

漢文学

国風文化

詩歌，かな物語，日記，随筆

院政期の文化

説話集，軍記物語，歴史物語

で，注意してください。他にも，空海の漢詩集である『**性霊集**』や，菅原道真の漢詩集である『**菅家文草**』『菅家後集』などがあります。

それが国風文化になると，中国風の漢詩にかわって日本風の和歌がさかんになります。最初の勅撰和歌集として，醍醐天皇の勅撰による『**古今和歌集**』がうまれます。『古今和歌集』は，*****紀貫之**が中心となって編さんしました。なお，第１章で触れた奈良時代の『万葉集』も勅撰ではありません。『懐風藻』も『万葉集』も勅撰ではないということです。

国風文化の時代には，かなが発達し，かなを用いた文学作品がうまれます。かぐや姫の伝説を題材にした『**竹取物語**』，*****在原業平**を題材とした歌物語である『**伊勢物語**』，そして，宮廷貴族の生活を題材にした**紫式部**の『**源氏物語**』などが書かれます。紫式部は当時絶大な権力を握った藤原道長の娘彰子に仕えた人物なので，当時の貴族の様子を知ることができます。

かなを用いた**日記**も多く残されます。かな日記の最初が**紀貫之**の『**土佐日記**』です。当時は，男性がかなを用いるのはみっともないとされていたので，紀貫之は自らを女性に見立てて『土佐日記』を著します。また，**藤原道綱の母**の『**蜻蛉日記**』や，**菅原孝標**

＊**紀貫之**…平安時代前期の歌人。905 年，歌人である凡河内躬恒，壬生忠岑らと『古今和歌集』を編さん，優れた仮名序を書いた。赴任先であった土佐から都に戻るまでの出来事をかな書きで記した『土佐日記』が有名。

の女（むすめ）の『**更級日記**（さらしなにっき）』なども押さえておくとよいでしょう。

日記以外に**随筆**（ずいひつ）もうまれます。**清少納言**（せいしょうなごん）の『**枕草子**（まくらのそうし）』がその代表です。清少納言は，定子に仕えました。定子は，紫式部が仕えた彰子とライバル関係にありました。

また，藤原氏の全盛期を賛美した歴史物語の『**栄花(華)物語**（えいがものがたり）』も登場します。

院政期の文化では，**説話集**（せつわしゅう）と**軍記物語**（ぐんきものがたり），**歴史物語**が中心となります。

「説話」とは民間に伝わっているお話のことです。これに対して創作されたお話は物語といいます。説話集では，日本だけでなく，インドや中国の説話も集めた『**今昔物語集**（こんじゃくものがたりしゅう）』が有名です。軍記物語とは戦乱をテーマとした物語です。**平将門の乱**（たいらのまさかど）を題材とした『**将門記**（しょうもんき）』，**前九年合戦**（ぜんくねんかっせん）を題材とした『**陸奥話記**（むつわき）』を押さえておきましょう。歴史物語では，藤原氏全盛期を批判的に記述した『**大鏡**（おおかがみ）』や，『大鏡』に記されたあとの時代について述べた『**今鏡**（いまかがみ）』があります。なお「鏡」とつく歴史物語は他にもありますが，基本的に時の政権を批判的に記述しています。

学問は？

最後は学問です。

弘仁・貞観文化では学問がかなりさかんになります。菅原道真のように学問の力で出世する人物もいるくらいです。貴族は自分の子弟を大学（だいがく）

＊**在原業平**…平安時代前期の歌人。父は平城（へいぜい）天皇の子である阿保親王（あぼしんのう）。歌才に恵まれ，情熱あふれる和歌を残した。『伊勢物語』の主人公とされ，美男子だったといわれている。

学問

弘仁・貞観文化

大学別曹，綜芸種智院

国風文化

陰陽道

に通わせるのですが，良い成績を残してもらうために**大学別曹**(だいがくべっそう)を設けます。これは貴族が一族の子弟を勉強させるために設けた寄宿舎です。

大学別曹で有名なものには，**和気氏**(わけし)の**弘文院**(こうぶんいん)，**藤原氏**の**勧学院**(かんがくいん)，**在原氏**(ありわらし)や**皇族**の**奨学院**(しょうがくいん)，**橘氏**の**学館院**(がくかんいん)があります。

また，空海は庶民も学べる教育施設として，***綜芸種智院**(しゅげいしゅちいん)を設置します。

国風文化になると，生まれた家でその人の人生が決まる時代になるので，貴族たちはわざわざ勉強せず，学問も下火になります。かわりに運命論を信じるようになり，***陰陽道**(おんみょうどう)がさかんになります。これは陰陽五行説(いんようごぎょうせつ)にもとづく思想で，この考えに従って，日々の行動を制限していました。そのため，引きこもって慎(つつし)む**物忌**(ものいみ)や，凶の方角を避けて行動する**方違**(かたたがえ)などが行われました。自分の運命を調べて，それに従って行動するわけです。

テーマ2　貴族の服装

貴族の服装についてもちょっとお話ししておきましょう。貴族の男子の正装を**束帯**(そくたい)といいます。その束帯を簡略化したものを**衣冠**(いかん)，通常服を**直衣**(のうし)や**狩衣**(かりぎぬ)といいます。

貴族の女性の正装を**女房**(にょうぼう)

***綜芸種智院**…828年頃，空海が開設した日本最初の私立学校。僧侶や庶民の教育を目的とし仏教や儒教などが教えられていたが，空海の死後まもなく廃絶した。

装束（しょうぞく）といいます。別名十二単（じゅうにひとえ）のことです。

皆さんが平安時代の貴族と聞いて思い出す恰好ですね。

なお，当時は20歳ではなく12～16歳で成年儀式を迎えます。男性の成年儀式を**元服**（げんぷく），女性の成年儀式を**裳着**（もぎ）といいます。

ちなみに，今でも「冠婚葬祭（かんこんそうさい）」といいますが，この「冠」とは元服のときに冠をつけたことからきている言葉です。

表B-2

	弘仁・貞観文化	国風文化	院政期の文化
ちょきん！			
書道・芸能	◆三筆：唐様の名手 嵯峨天皇 空海 橘逸勢	◆三跡（蹟）：和様の名手 藤原佐理 藤原行成 小野道風	◆今様 『梁塵秘抄』
文学	◆漢文学 ①『凌雲集』 ②『文華秀麗集』 ③『経国集』 ④『性霊集』（空海）	◆詩歌 『古今和歌集』：最初の勅撰和歌集 ◆かな物語 『竹取物語』 ◆日記 『土佐日記』 ◆随筆 『枕草子』 ◆歴史物語 『栄花（華）物語』	◆説話集 『今昔物語集』 ◆軍記物語 ①『将門記』 ②『陸奥話記』 ◆歴史物語 ①『大鏡』 ②『今鏡』
学問	①大学別曹 ②綜芸種智院（空海）	陰陽道：物忌，方違	

表Bおわり

＊**陰陽道**…古代中国の陰陽五行説にもとづき，日本で独自に発展した災厄や吉凶を占う方術。平安時代に陰陽師である安倍晴明らによって，呪術や祭祀の体系が確立された。

第2章 これをチェック！ 平安時代の文化

おつかれさまでした。さあ，力がついたかどうか試してみましょう。各文化の代表的な名称をチェックして，間違えたら，もう一度本文に戻ってください。

弘仁・貞観文化

❶建築：(室生)寺金堂，五重塔
❷彫刻：(薬師)寺僧形(八幡神)像
❸宗教画：教王護国寺(両界曼荼羅)

国風文化

❹建築：平等院(鳳凰)堂
❺彫刻：平等院(鳳凰)堂(阿弥陀如来)像
❻宗教画：高野山(聖衆来迎図)

院政期の文化

❼建築：(中尊)寺金色堂
❽宗教画：『(扇面)古写経』【四天王寺】

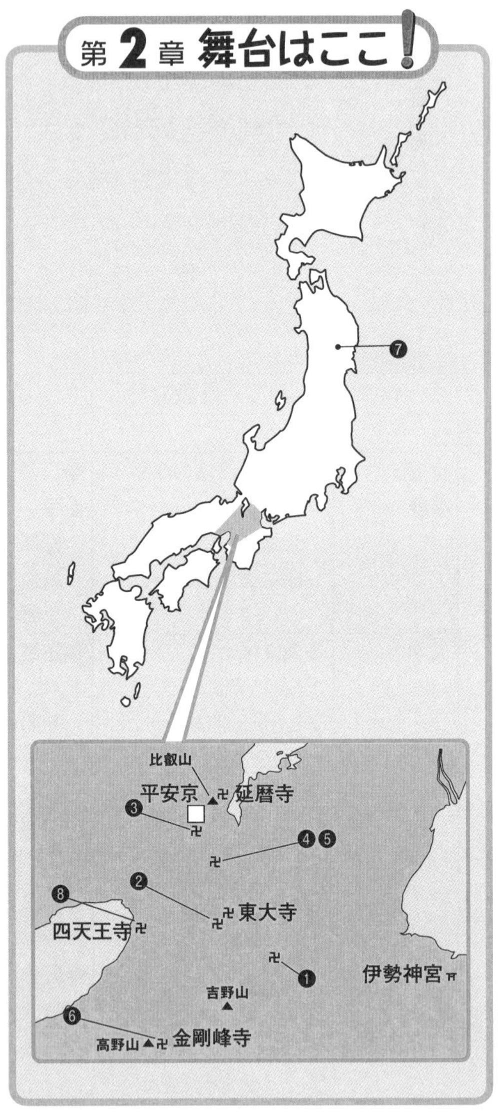

さあ，最後に，第２章全体の表(P30 ～ 31)に戻ってください。
最初はただの表だった。でも今なら，１つ１つの言葉の意味と表全体の流れが，はっきりみえると思いますよ！

鎌倉時代と室町時代の文化 1

1185 ～ 1573

メイン講義

第 1 部　新仏教の展開
第 2 部　新仏教と旧仏教・神道

テーマ講義

一向一揆
京都五山と鎌倉五山

こんにちは，日本史の金谷です。金谷俊一郎です。

この章は，習うことは少ないのですが，非常によく出題されますので，「得点効率のよい」いわゆる「オイシイ」分野です。特に，鎌倉新仏教は共通テストでもよく扱われるでしょう。丁寧に解説していきますので，がんばっていきましょう。

1185

▼ 第3章　早わかり講義 ▼

Track	内容
05	第 1 部　新仏教の展開
06	第2部　新仏教と旧仏教・神道

URL ▶ https://www.toshin.com/tb_audio/xerp/　PW ▶ Tb852Bk

1573

第3章ってどんなカンジ？

第３章の内容は入試によく出てくるところです。全体をある程度把握したら，まず本文を読みましょう。授業の途中に，はさみで切り取られた表がまとめとして出てきます。この表は，あとで頭の整理に使ってくださいね。

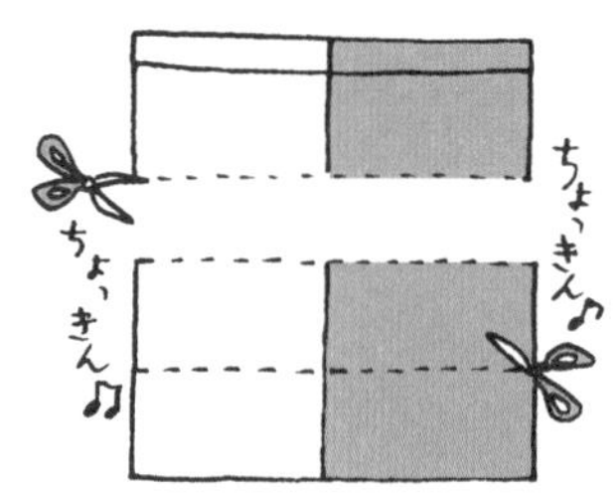

表A　新仏教の展開

	新仏教	鎌倉文化	室町文化
1 P62	念仏	①浄土宗：法然（専修念仏） (1)『選択本願念仏集』 (2)知恩院 ②浄土真宗：親鸞（悪人正機） (1)『歎異抄』（唯円） (2)本願寺 ③時宗：一遍（踊念仏） (1)『一遍上人語録』 (2)清浄光寺	①京都で勢力拡大 ②蓮如：越前国吉崎を拠点 (1)御文による布教 (2)講を組織 ③同朋衆が芸能面で活躍 観阿弥，世阿弥，善阿弥
2 P63	題目	日蓮宗（法華宗）：日蓮 (1)『立正安国論』を北条時頼に献上 (2)久遠寺	日親 『立正治国論』を足利義教に献上
3 P68	禅	①臨済宗：栄西（公案問答） (1)『興禅護国論』 (2)建仁寺 (3)蘭溪道隆（建長寺） (4)無学祖元（円覚寺） ②曹洞宗：道元（只管打坐） (1)『正法眼蔵』 (2)『正法眼蔵随聞記』（懐奘） (3)永平寺	①夢窓疎石（足利尊氏の帰依） ②五山・十刹の制 (1)五山文学：絶海中津，義堂周信 (2)五山版 ③林下（幕府の保護を受けない） (1)臨済宗：大徳寺，妙心寺 (2)曹洞宗：永平寺，総持寺

表B　旧仏教・神道の展開

P71

	鎌倉文化	室町文化
旧仏教	①法相宗：貞慶（笠置寺） 専修念仏を批判 ②華厳宗：明恵（高山寺） 『摧邪輪』 ③律宗：叡尊（西大寺） 忍性（北山十八間戸）	
神道	伊勢神道：度会家行 神本仏迹説（反本地垂迹説）	唯一神道：吉田兼倶

第3章　時代はここ！

世紀	中国	日本	文化	将軍・執権	年	主な出来事
	宋	鎌倉			1185年	源頼朝，守護・地頭を設置
				源頼朝	1192年	源頼朝，征夷大将軍に就任
12						法然，『選択本願念仏集』の完成 栄西，『興禅護国論』の完成
					1199年	源頼朝の死
						親鸞，越後に流される
			鎌倉文化		1219年	源氏将軍断絶（源実朝の暗殺）
13						道元，永平寺を開く 日蓮，『立正安国論』を献上 一遍，遊行を始める
	元			北条時宗	1274年	文永の役（蒙古襲来）
					1281年	弘安の役（蒙古襲来）
					1333年	鎌倉幕府の滅亡
		室町（南北朝）		足利尊氏	1338年	足利尊氏，征夷大将軍に就任
14						夢窓疎石，天龍寺を開く
	明			足利義満	1392年	南北朝の合一
		室町	※室町文化			日親，『立正治国論』を献上
					1441年	嘉吉の変（足利義教暗殺）
15				足利義政	1467年	応仁の乱（～1477年）
						蓮如，越前国吉崎に拠点を置く
					1488年	加賀の一向一揆

※室町文化はさらに，①南北朝文化，②北山文化，③東山文化の３つに分かれます。
詳しくは，第４章をみてください。

第１部　新仏教の展開

鎌倉新仏教

表 A-1

今回は中世の宗教のお話をしていきます。ここでは，鎌倉文化と室町文化の仏教についてみていきます。鎌倉文化の時代になると**新仏教**と呼ばれる新しい仏教が登場します。まずは，新仏教と呼ばれた各宗派がどのようにうまれてきたのか，その背景からみていきましょう。

鎌倉新仏教の登場の背景は？

平安時代の仏教といえば，初期の密教（みっきょう）のあとに浄土教（じょうどきょう）がはやるようになり，それが地方まで波及していったのでしたね。しかし，長い年月の中で一部の仏教が堕落（だらく）していくんです。*僧兵が横暴に振舞ったり，戒律（かいりつ）を破る僧が出てきたり，多額のお布施（ふせ）を要求したりなどなど。

そのような状況に疑問を持ち，「１つの修行を選んで，その修行だけを集中して行えば救われる」という庶民にも受け入れられやすい仏教を伝えようという人たちが現れました。それが鎌倉新仏教の開祖たちです。

そして，このような新仏教が平安時代末期の戦乱の時代の中で，政治や社会に不安を持っていた人たちに受け入れられたわけです。

では，鎌倉新仏教について細かくみていきましょう。

鎌倉新仏教は，**念仏**（ねんぶつ），**題目**（だいもく），**禅**（ぜん）の３つのキーワードで理解することができます。最初は念仏の宗派についてみていきますね。

＊**僧兵**…武装した僧侶。悪僧とも。興福寺や延暦寺といった大寺院を中心に組織された。国司と争ったり，朝廷へ強訴（ごうそ）を行い要求を通そうとしたりした。権勢を誇った白河法皇でさえ，僧兵は思い通りにならないと嘆いた。

浄土宗

系統
念仏

開祖
法然

教義
専修念仏

中心寺院
知恩院

浄土宗の登場

最初に登場するのが，**浄土宗**です。浄土宗の開祖は＊**法然**です。法然は「念仏を唱えさえすれば，死後は誰でも平等に極楽浄土に往生できる」という教えを広めます。これを**専修念仏**といいます。

この専修念仏を唱えた法然の著書が『**選択本願念仏集**』です。タイトルに「念仏」とあることから，これが法然の著書だと判断しやすいですね。ちなみに，念仏はすでにやりましたが「**南無阿弥陀仏**」(→ P.35)を唱えることです。浄土宗の中心寺院は，京都の**知恩院**です。

さて，法然の教えは当時とても画期的な考え方でした。すると，どういうことがおこるのか？　古い勢力を中心に反発を受けるんです。

法然は様々な迫害を受けるようになります。特に，南都六宗の法相宗や華厳宗などの旧仏教からの反発がすごいんです。法相宗の**貞慶**(解脱)という人物は，後鳥羽上皇に働きかけて専修念仏の禁止令が出されるきっかけをつくります。また，華厳宗の**明恵**(高弁)は，『**摧邪輪**』を著して，法然の専修念仏を批判します。浄土宗がブームになればなるほど，反発は強くなっていきます。

その結果，とうとう，法然は四国に配流されます。しかし，その後許されて布教に専念します。

室町文化の時代になると，**浄土宗は朝廷の保護を受けて京都で勢力を拡大**していきます。

＊**法然**…平安時代末期～鎌倉時代初期の僧。布教の対象は京都周辺の公家や武士が中心で，九条兼実や熊谷直実らが帰依した。旧仏教から迫害され四国に配流となったが，のちに許されて帰京し，布教に専念した。

浄土真宗の登場

このように，専修念仏は迫害を受けました。そして，法然とともに迫害を受けて越後に流されたのが，**浄土真宗**の開祖となる**親鸞**＊です。親鸞は法然の弟子だったため同じような憂き目にあったのです。

親鸞の教えで代表的なものは**悪人正機**です。

こういうと，「悪い人が救われる」という教えだと思う人がいるのですが，違います。悪人正機とは，「悪人である自覚を持って，念仏を唱えている人こそ，阿弥陀仏が救おうとしている対象である」という考え方です。ただ，この教えは親鸞の著書である『**教行信証**』には記されていません。**悪人正機は，親鸞の弟子である唯円の『歎異抄』にのみ記されています。**ここは注意です。

浄土真宗の中心寺院は京都の**本願寺**です。

この浄土真宗で１つ注意してほしいのが，**親鸞が生きていたときには浄土真宗はない**ってことです。浄土真宗は，親鸞の死後に弟子たちによって，独立した宗派として確立するんです。

ややこしいですが，親鸞は法然の弟子ですから，親鸞自身は浄土宗の人だと思っていました。だから，法然と親鸞は切り離さないで考えてください。

＊**親鸞**…鎌倉時代初期の僧。法然の四国配流にともなって越後に流されたが，のちに許されてからは関東で布教した。『教行信証』はそのときの書。武士や農民，特に下層農民が布教の対象となった。

浄土真宗

系統 念仏

開祖 親鸞

教義 悪人正機

中心寺院 本願寺

室町文化 蓮如の登場

御文による布教

時宗

系統 念仏

開祖 一遍

教え 踊念仏

中心寺院 清浄光寺

室町文化 同朋衆

芸能などで活躍

浄土真宗ですが，室町文化の時代になると本願寺８世の*蓮如**という人物が出てきます。蓮如は**越前国（現福井県）の吉崎を拠点に活動しました**が，蓮如の布教のやり方には独特なものがありました。

まずは**御文**です。これは蓮如の教えがわかりやすく記されたもので，これを読めば目の前に蓮如がいなくても蓮如の教えに触れることができるという優れものです。これをうまく使って布教をしていくんです。

また，各地に**講**と呼ばれる組織をつくることによって，浄土真宗を各地に広めていくことに成功したわけです。

テーマ１　一向一揆

蓮如の布教活動によって，浄土真宗（一向宗）は北陸・東海・近畿地方に広まります。そして，各地域でその力が強くなるんです。するとどうなるか？　時の権力とぶつかるようになります。それが**一向一揆**です。

有名なのが，1488 年の**加賀の一向一揆**です。一向宗の人々が加賀国の守護富樫政親を倒して，加賀国を１世紀にわたって支配したんでしたね。

それ以外にも，織田信長と対立した**伊勢長島の一向一揆**や**越前の一向一揆**なども有名です。

＊**蓮如**…室町時代中期，浄土真宗の僧で，本願寺８世。比叡山の衆徒により本願寺を焼かれたため，越前国の吉崎へおもむき教化活動を展開した。京都に山科本願寺を再建，大坂の石山本願寺の基礎を築いたことでも有名。

時宗の登場

つづいては**時宗**です。時宗の開祖は***一遍**です。一遍は，「念仏を唱えるだけですべての人が救われる」と説きます。そして，踊りながら念仏を唱えるという**踊念仏**を行いながら，各地をめぐり歩いて布教をしていきました。この様子があまりにも楽しかったので，一遍の布教のやり方を「**遊行**」といい，一遍の別名を**遊行上人**と呼びます。また，一遍に従って全国を遊行した人々は**時衆**と呼ばれます。

一遍は，死の直前に自らの著書をすべて焼き払ったといわれています。だから，著書が一切残っていません。しかし，一遍の死後に弟子たちが，一遍の語録を残しています。これが『**一遍上人語録**』です。

時宗の中心寺院は，相模国(現神奈川県)の**清浄光寺**です。

室町文化の時代になると，時宗の僧は***同朋衆**と呼ばれる将軍や大名の側近として活躍します。ただし，彼らは布教そのものというよりも，芸能や文芸面で活躍します。あとで出てくる能の**観阿弥**や**世阿弥**，作庭で有名な**善阿弥**などが代表的な同朋衆です。

＊**一遍**…鎌倉時代中期の僧侶で，時宗の開祖。智真とも呼ばれる。民衆に踊念仏を勧め，全国をめぐり歩いて布教した。その教化の様子は『一遍上人絵伝』に伝えられる。また『一遍上人語録』からは一遍の思想がうかがえる。

日蓮宗

系統
題目

開祖
日蓮

教義
題目唱和

中心寺院
久遠寺

室町文化
日親の登場

表 A-1

新仏教	鎌倉文化	室町文化
念仏	①浄土宗：法然（専修念仏） (1)『選択本願念仏集』 (2)知恩院 ②浄土真宗：親鸞（悪人正機） (1)『歎異抄』（唯円） (2)本願寺 ③時宗：一遍（踊念仏） (1)『一遍上人語録』 (2)清浄光寺	①京都で勢力拡大 ②蓮如：越前国吉崎を拠点 (1)御文による布教 (2)講を組織 ③同朋衆が芸能面で活躍 観阿弥，世阿弥，善阿弥

表 A-2 につづく

ちょきん!

日蓮宗の登場

表 A-2

つづいては，**題目**を唱える新仏教です。＊**日蓮**が開祖の**日蓮宗**（**法華宗**）です。

題目とは，法華経への帰依を示す「**南無妙法蓮華経**」の７文字のことです。日蓮は法華経こそが釈迦の正しい教えであると説いたのです。ですから，日蓮にとっては，旧仏教はもちろんのこと念仏を唱えている新仏教すら正しくはないわけです。だから，日蓮は新仏教を含めた，他の宗派に対する徹底した非難を行うのです。

＊**同朋衆**…室町時代以降，将軍や大名の側近で従事した人々。能の観阿弥や世阿弥のように「阿弥」という号を称す。時宗の僧が多い。取次や使者などの雑事から，絵の制作などの芸能まで職務は多様である。

そのため，日蓮は様々な迫害を受けます。鎌倉幕府からも迫害を受け，伊豆や佐渡に配流になりました。なぜか？　鎌倉幕府の5代執権であった北条時頼に献上した著書**『立正安国論』**で，日蓮宗をやらないと国難がおこるぞって脅して怒りを買ったからです。

ただ，この国難がおこるぞって日蓮の予言，あたってしまうんですね。その15年ほどあとに，**蒙古襲来**(元寇)がおこります。そんなこともあって，日蓮宗は信者を増やしていきます。なお，日蓮宗の中心寺院は甲斐国(現山梨県)の**久遠寺**です。

室町文化の時代になると，日蓮宗からは，15世紀半ばに**日親**が登場します。日親は，当時の6代将軍**足利義教**に**『立正治国論』**という書物を献上します。この書物の内容が，幕府批判とも取れるものであったため，日親は焼けた鉄鍋を頭にかぶせられる鍋かむりの刑に処せられます。

なお，日蓮の『立正安国論』と日親の『立正治国論』がごっちゃになりやすいので，注意して覚えてください。

表A-2

新仏教	鎌倉文化	室町文化
題目	日蓮宗(法華宗)：日蓮 (1)『立正安国論』を北条時頼に献上 (2)久遠寺	日親 『立正治国論』を足利義教に献上

表A-3 につづく

＊**日蓮**…鎌倉時代の僧侶，日蓮宗の開祖。『立正安国論』を著す。伊豆に配流されたのち，許されるが他宗を激しく攻撃したために再び佐渡に流された。赦免後も布教活動をつづける。

臨済宗

系統　禅

開祖　栄西

教義　公案問答

中心寺院　建仁寺

室町文化　五山・十刹の制

禅宗とは？

表A-3

さて，第1部で，鎌倉新仏教は，念仏，題目，禅の3つのキーワードで理解することができるといいましたね。このうち，念仏，題目はすでにやりました。

ですので，第2部では，**禅**をみていきましょう。

禅とは，坐禅を組むことによって悟りの境地を開くことです。禅を行う宗派を**禅宗**といいます。この自ら坐禅を組んで修行をするという姿勢が支持され，禅宗は厳しさを求める当時の武士などに信仰されました。

臨済宗の登場

禅宗で最初に登場するのが，**臨済宗**の開祖の＊**栄西**です。彼は宋にわたって，禅宗を日本にもたらした人物です。

臨済宗の特徴は，**公案問答**です。公案問答とは，坐禅を行う際に，師匠から公案と呼ばれる問題を与えられ，その問題を解いていくことです。臨済宗では，坐禅と公案を通じて悟りに達していくとされました。

臨済宗は，先ほども述べたように当時の武士の気風に合致したこともあり，**幕府の保護を受けます**。

＊**栄西**…平安時代末期～鎌倉時代初期の僧侶。はじめは比叡山で学び，南宋に2回わたった。帰国後，武士を主な対象として臨済宗を広める。鎌倉に寿福寺を，京都に建仁寺を建立。南宋から茶の種を持ち帰り，『喫茶養生記』を著した。

幕府の保護を受けた一方で，禅宗は旧仏教からの非難も受けます。そこで，栄西は『**興禅護国論**』といった禅宗と国の平安に言及した著書も残すわけです。今までの鎌倉新仏教の開祖の多くが配流されたり弾圧されたりしているのとはたいそうな違いですね。

臨済宗の中心寺院は，京都の**建仁寺**です。

また，栄西は日本に茶をもたらした人物でもあり，３代将軍源実朝に茶の効用を述べた『**喫茶養生記**』を献上します。当時，お茶は薬の一種として用いられていたのです。

臨済宗は，その後も幕府の保護を受けたため，高僧が中国から来日します。５代執権北条時頼の帰依を受けて**建長寺**を建立する**蘭溪道隆**や，８代執権北条時宗の帰依を受けて**円覚寺**を建立する**無学祖元**などが来日しました。

室町文化の時代になると，臨済宗の僧侶である**夢窓疎石**が初代将軍足利尊氏の帰依を受けて，臨済宗が室町幕府の保護を受けるようになります。幕府は，臨済宗の寺院を，**五山**，**十刹**，**諸山**に分けて，これらの寺院を保護します。この制度を**五山・十刹の制**といいます。

五山僧は学問や文化の担い手にもなりました。宋学の研究や漢詩文の創作である**五山文学**，それらの成果を出版した**五山版**などが登場します。五山文学は，３代将軍足利義満の頃に絶海中津や義堂周信といった人物が出て，最盛期を迎えました。

＊**蘭溪道隆**…鎌倉時代中期の臨済宗の渡来僧。1246年に南宋より来日。鎌倉幕府５代執権である北条時頼の帰依を受け，鎌倉に建長寺を開く。その門派を大覚派という。

テーマ2　京都五山と鎌倉五山

五山・十刹の制は，南宋（なんそう）の官寺（かんじ）の制（せい）にならったもので，3代将軍足利義満の頃に完成した制度です。**南禅寺**（なんぜんじ）を別格上位（べっかくじょうい）として五山の上に置き，その下に五山，十刹，諸山を置きます。この五山には，**京都五山**と**鎌倉五山**があります。それぞれの順位は以下のとおりです。

【京都五山】	【鎌倉五山】
①天龍寺（てんりゅうじ）	①建長寺
②相国寺（しょうこくじ）	②円覚寺
③建仁寺	③寿福寺（じゅふくじ）
④東福寺（とうふくじ）	④浄智寺（じょうちじ）
⑤万寿寺（まんじゅじ）	⑤浄妙寺（じょうみょうじ）

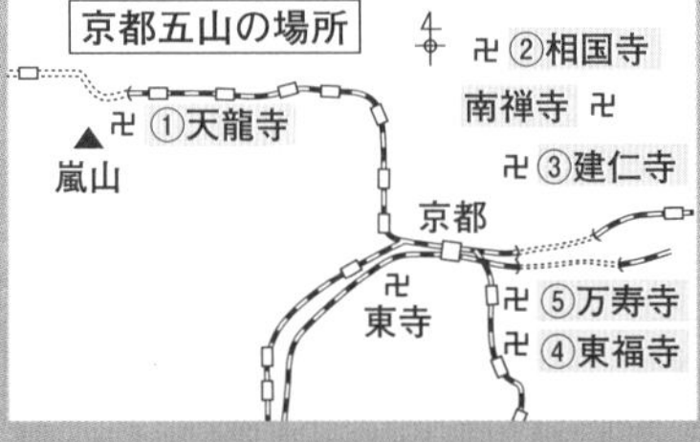

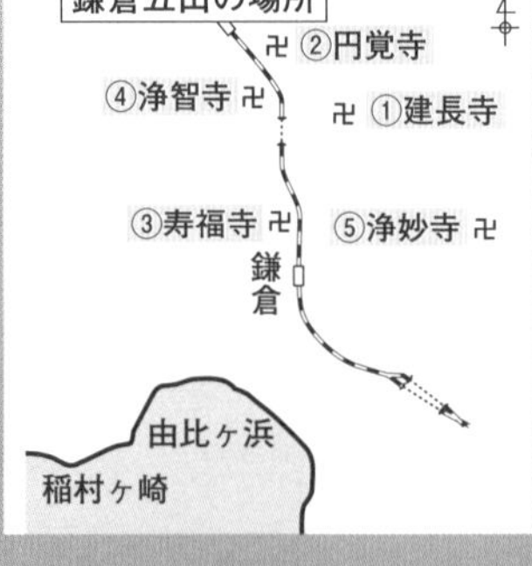

この五山の上位3つの寺院は確認しておきましょう。

まず，京都五山の第1位の**天龍寺**ですが，この寺院は室町幕府

＊**無学祖元**…鎌倉時代中期の臨済宗の渡来僧。1279年，北条時宗の招きで南宋より来日。鎌倉に円覚寺を開き，日本の禅宗に大きな影響を与えた。弟子に夢窓疎石の師である高峰顕日（こうほうけんにち）などがいる。

の初代将軍である足利尊氏が後醍醐天皇の冥福を祈るために創建した寺院です。尊氏は，この寺院を建てる費用を得るために**天龍寺船**という貿易船を派遣します。第2位の**相国寺**は，3代将軍足利義満が創建した寺院です。

第3位はさっきやりました。栄西が開山した臨済宗の中心寺院である建仁寺ですね。

つづいて，鎌倉五山の第1位と第2位です。どちらもさっきやりましたね。第1位の**建長寺**は，5代執権北条時頼の帰依を受けた蘭溪道隆が開山した寺院でした。この建長寺も，再建のために**建長寺船**という貿易船が派遣されています。第2位の**円覚寺**は8代執権北条時宗の帰依を受けた無学祖元が開山した寺院です。そして，第3位の**寿福寺**はやや細かい知識になりますが，栄西が開山した寺院です。

よって，京都五山・鎌倉五山とも「**第1位は貿易船が派遣された寺院**」です。そして「**第2位は当時の権力者が関わった寺院**」，「**第3位は栄西が開山した寺院**」となります。

こうしておくと覚えるのも少し楽かもしれませんね。

曹洞宗の登場

新仏教の最後は，**曹洞宗**です。曹洞宗の開祖は***道元**です。道元は，栄西のように問題を与えるというものではなく，「ただひたすら坐禅に打ち込む」ことを主張します。これを**只管打坐**といいます。

＊**夢窓疎石**…鎌倉時代後期～南北朝時代の臨済宗の僧。天龍寺を開山，臨済宗の黄金期を築き，後醍醐天皇や足利尊氏，足利直義らの帰依を受ける。その造園技術は高く，京都の西芳寺(苔寺)や天龍寺などの庭園は有名。

曹洞宗

系統
禅

開祖
道元

教義
只管打坐

中心寺院
永平寺

この只管打坐は，道元の弟子である**懐奘**の『**正法眼蔵随聞記**』に記されています。道元の著書は『**正法眼蔵**』です。曹洞宗の中心寺院は，越前国(現福井県)の**永平寺**と，能登国(現石川県)の総持寺です。

さて，臨済宗と曹洞宗の禅宗は，室町時代になると幕府の保護を受ける禅宗と，幕府の保護を受けない禅宗に分かれていきます。幕府の保護を受ける禅宗を叢林といいます。それに対して保護を受けない禅宗は，**林下**と呼ばれました。

曹洞宗は基本的に林下と考えてよいでしょう。臨済宗の寺院もすべてが幕府の保護を受けたわけではありません。大徳寺や妙心寺といった一部の臨済宗寺院も林下となりました。林下は幕府の力が弱くなってきた応仁の乱以降，幕府の呪縛を受けずに自由な活動を求めて地方に布教していったのです。

表A-3

新仏教	鎌倉文化	室町文化
ちょきん!		
禅	①臨済宗：栄西(公案問答) (1)『興禅護国論』 (2)建仁寺 (3)蘭溪道隆(建長寺) (4)無学祖元(円覚寺) ②曹洞宗：道元(只管打坐) (1)『正法眼蔵』 (2)『正法眼蔵随聞記』(懐奘) (3)永平寺	①夢窓疎石(足利尊氏の帰依) ②五山・十刹の制 (1)五山文学：絶海中津，義堂周信 (2)五山版 ③林下(幕府の保護を受けない) (1)臨済宗：大徳寺，妙心寺 (2)曹洞宗：永平寺，総持寺

表Aおわり

＊**道元**…鎌倉時代前期の僧侶。比叡山で学んだのち南宋にわたった。帰国後，曹洞禅を伝え，日本曹洞宗の開祖となる。比叡山の圧迫により京都から越前におもむき，永平寺を開山。権力者から離れることで，坐禅中心の厳格な宗風を確立した。

旧仏教はどうなった？

表B

今までは，鎌倉新仏教のお話をしてきましたね。今度は，旧仏教側についてもみていきましょう。

まずは，**法相宗**です。法相宗の貞慶が法然の専修念仏を批判したことは先ほど学びましたね(→ P.58)。でも，同時に自分たちの堕落を正そうともするんです。貞慶は笠置寺(かさぎでら)というところで，戒律の復興に努めます。鎌倉新仏教がうまれた原因の1つは自分たち旧仏教が堕落したからだと考えたのでしょう。

貞慶は，のちに**法相宗の中興の祖**と呼ばれるようになります。

つづいて，**華厳宗**です。明恵は『摧邪輪』を著して，法然の専修念仏を批判したんですよね。でも一方で，法相宗と同様に自分たちの堕落を正そうとして，戒律の復興に努めます。明恵は，京都の栂尾(とがのお)というところにある高山寺(こうざんじ)を再興しました。この栂尾は，栄西から茶の種子を譲られたことから，茶の名産地となります。

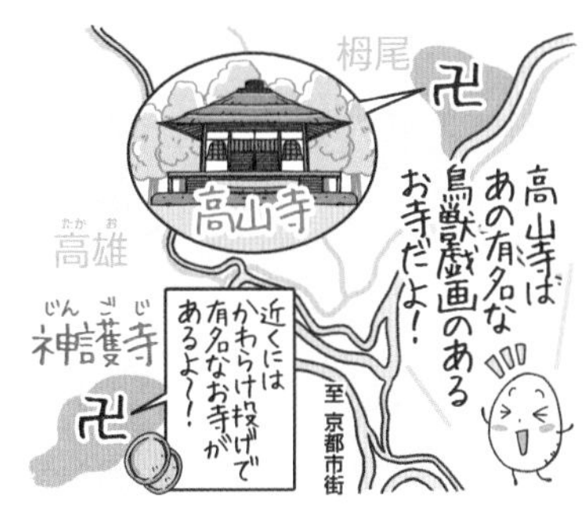

明恵も，のちに**華厳宗の中興の祖**と呼ばれるようになります。

旧仏教

法相宗
貞慶

華厳宗
明恵

律宗
叡尊，忍性

神道

鎌倉文化
伊勢神道（神本仏迹説）

室町文化
唯一神道

最後は，**律宗**です。律宗は，先ほどの２つとちょっと違います。新仏教の批判をするのではなくて，社会事業を通じて宗派の再興をはかろうとしたからです。

まず，**叡尊**（思円）という人物は奈良の**西大寺を復興し**，社会事業を行います。

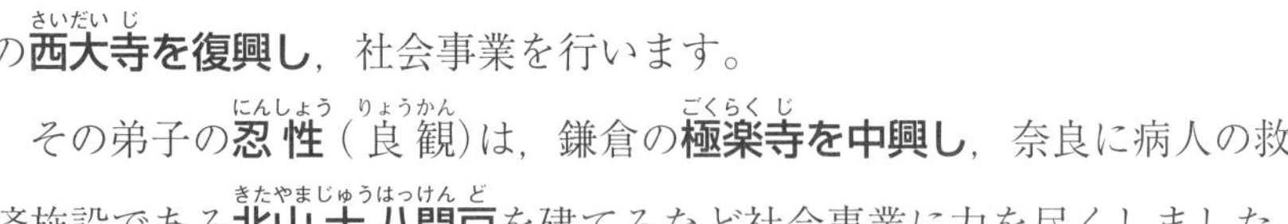

その弟子の**忍性**（良観）は，鎌倉の**極楽寺を中興し**，奈良に病人の救済施設である**北山十八間戸**を建てるなど社会事業に力を尽くしました。

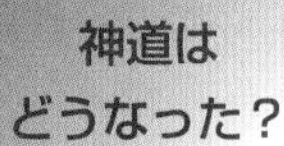

神道はどうなった？

では，最後に神道についてみていきましょう。

平安時代に本地垂迹説（→ P.45）というものがうまれました。神は仏の権現であるという考えです。

この考えでは，神よりも仏が主であるとみなされているといえます。そのため，神道側から本地垂迹説に対する反発がうまれます。それが***度会家行**の**伊勢神道**です。伊勢神道では，仏ではなく神を主とする**神本仏迹説**が唱えられます。ちょうど本地垂迹説と真逆の立場を取るわけです。そのため，

* **度会家行**…鎌倉時代～南北朝時代の神職。伊勢神道を大成し，北畠親房らに影響を与えた。南朝方として出陣の経験もある。『類聚神祇本源』を著し，神主仏従の伊勢神道を体系化した。

これは**反本地垂迹説**ともいいます。

また，室町時代になると**吉田兼倶**が神本仏迹説をさらに突き詰めて***唯一神道**を唱えるようになります。唯一神道は，室町幕府と結んで発展します。

表B

	鎌倉文化	室町文化
旧仏教	①法相宗：貞慶（笠置寺） 専修念仏を批判 ②華厳宗：明恵（高山寺） 『摧邪輪』 ③律宗：叡尊（西大寺） 忍性（北山十八間戸）	
神道	伊勢神道：度会家行 神本仏迹説（反本地垂迹説）	唯一神道：吉田兼倶

表Bおわり

＊**唯一神道**…吉田神道とも。室町時代末期，吉田兼倶によって大成された神道の一派。仏菩薩を本地（本来の姿）とする本地垂迹説に対し，神を本地とする神本仏迹説の立場を取るが，さらに神を唯一とし，仏教や儒教をも取り込んで説かれた。

第3章 これをチェック！ 鎌倉時代と室町時代の文化 1

おつかれさまでした。さあ，力がついたかどうか試してみましょう。各文化の代表的な名称をチェックして，間違えたら，もう一度本文に戻ってください。

鎌倉新仏教

❶（知恩院）：法然が開祖の（浄土宗）の中心寺院〔京都〕
❷（本願寺）：（親鸞）が開祖の浄土真宗の中心寺院〔京都〕
❸（清浄光寺）：一遍が開祖の（時宗）の中心寺院〔神奈川〕
❹久遠寺：（日蓮）が開祖の（日蓮（法華）宗）の中心寺院〔山梨〕
❺（建仁寺）：京都五山第３位。（栄西）が開祖の（臨済宗）の中心寺院〔京都〕
❻永平寺：（道元）が開祖の（曹洞宗）の中心寺院〔福井〕
❼（寿福寺）：鎌倉五山第３位。（栄西）が開山〔神奈川（鎌倉）〕

旧仏教

❽極楽寺：（忍性）が中興〔神奈川（鎌倉）〕
❾（北山十八間戸）：（忍性）が建てた病人救済施設〔奈良〕

その他

❿（天龍寺）：（足利尊氏）が後醍醐天皇の冥福を祈るために創建。京都五山第１位〔京都〕

さあ，最後に，第３章全体の表（P54 ～ 55）に戻ってください。最初はただの表だった。でも今なら，１つ１つの言葉の意味と表全体の流れが，はっきりみえると思いますよ！

鎌倉時代と室町時代の文化２

1185 〜 1573

メイン講義

第１部　鎌倉時代と室町時代の文化①
第２部　鎌倉時代と室町時代の文化②

テーマ講義

鎌倉文化の仏像
四鏡

こんにちは，日本史の金谷です。金谷俊一郎です。

第３章では，鎌倉時代と室町時代の仏教についてみていきました。第４章では仏教以外の文化をみていきます。

覚えることが多いですが，セットにしてまとめていくと頭に入りやすくなります。がんばっていきましょう。

1185

▼ 第4章　早わかり講義 ▼

Track	内容
07	第１部　鎌倉時代と室町時代の文化①
08	第２部　鎌倉時代と室町時代の文化②

1573

URL ▶ https://www.toshin.com/tb_audio/xerp/　PW ▶ Tb852Bk

この表で第4章のおおまかな内容がつかめたら，まず本文を読んでください。授業の途中に，はさみで切り取られた表がまとめとして出てきます。この表は，あとで頭の整理に使ってくださいね。

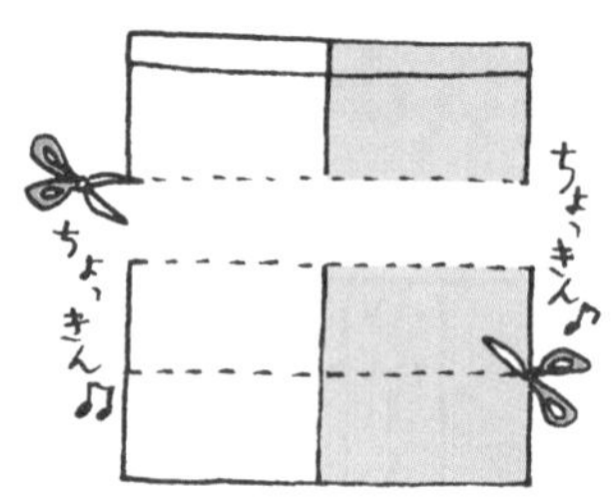

表A 鎌倉時代と室町時代の文化の対比①

		鎌倉文化	室町文化		
			南北朝文化	北山文化	東山文化
1 P82	建築	①大仏様（天竺様） 東大寺南大門 ②禅宗様（唐様） 円覚寺舎利殿 ③和様 (1)石山寺多宝塔 (2)蓮華王院本堂 ④折衷様 観心寺金堂	①安国寺 ②利生塔	鹿苑寺金閣 寝殿造風・ 禅宗様	①慈照寺銀閣 書院造・禅宗様 ②慈照寺東求堂同仁斎 書院造
1 P82	庭園		①天龍寺庭園 ②西芳寺庭園	鹿苑寺庭園	①龍安寺石庭 ②大徳寺大仙院庭園
2 P85	絵画	①似絵 藤原隆信， 藤原信実 ②頂相 禅僧の肖像画 ③絵巻物	水墨画	水墨画 (1)明兆 (2)如拙 『瓢鮎図』 (3)周文	①水墨画 雪舟 『四季山水図巻』 ②大和絵：土佐派 土佐光信 ③狩野派 狩野正信， 狩野元信
3 P86	和歌・連歌	①後鳥羽上皇勅撰 『新古今和歌集』 ②源実朝 『金槐和歌集』 ③西行 『山家集』	二条良基 (1)『菟玖波集』 (2)『応安新式』		①宗祇 『新撰菟玖波集』 ②宗鑑 『犬筑波集』

表B　鎌倉時代と室町時代の文化の対比②

		院政期の文化	鎌倉文化	室町文化
1 P90	説話集	『今昔物語集』	①『古今著聞集』 ②『沙石集』 ③『十訓抄』 ④『宇治拾遺物語』	
1 P90	軍記物語	①『将門記』 ②『陸奥話記』	①『保元物語』 ②『平治物語』 ③『源平盛衰記』 ④『平家物語』	『太平記』
1 P90	歴史物語・歴史書	①『大鏡』 ②『今鏡』	①『水鏡』 ②『吾妻鏡』 ③『愚管抄』 ④『元亨釈書』	①『増鏡』 ②『神皇正統記』 ③『梅松論』
2 P92	有職故実		『禁秘抄』	①『建武年中行事』 ②『職原抄』 ③『公事根源』

第4章 時代はここ！

世紀	中国	日本	文化	将軍・執権	主な出来事
12	宋	平安	院政期の文化		1180年 平重衡，南都焼打ち
		鎌倉	鎌倉文化		1205年 『新古今和歌集』の完成
					『愚管抄』の完成（慈円）
13					1221年 承久の乱
	元				1274年 文永の役（蒙古襲来）
				北条時宗	1281年 弘安の役（蒙古襲来）
					『蒙古襲来絵巻』（竹崎季長）
		南北朝	南北朝文化		建武の新政
					『建武年中行事』（後醍醐天皇）
14					南北朝の動乱
					『神皇正統記』，『職原抄』（北畠親房）
	明				観阿弥と世阿弥，義満の保護を受ける
		室町	北山文化	足利義満	南北朝の合一
					『公事根源』（一条兼良）
15			東山文化	足利義政	1467年 応仁の乱（～1477年）
					『樵談治要』（一条兼良）

第1部　鎌倉時代と室町時代の文化①

室町文化の時代区分

表A-1

さて，第3章では室町文化をひとまとめにして考えていました。でも，細かくみると室町文化は以下の3つに分けることができます。

南北朝文化	室町時代初期の文化
北山文化	3代将軍足利義満の頃の文化
東山文化	8代将軍足利義政の頃の文化

南北朝文化は，室町時代の初期，南朝と北朝が対立していた頃の文化です。**北山文化**は3代将軍足利義満の頃の文化，**東山文化**は8代将軍足利義政の頃の文化になります。

大仏様って？

では，これらの文化を項目別にみていきましょう。まずは，建築から。

鎌倉文化の頃には，多種多様な建築様式がうまれます。大学受験で必要なものとして4種類を紹介します。

まずは**大仏様**。大仏様は，別名**天竺様**ともいいます。大仏という言葉からも連想できるように，大仏様は東大寺の南大門などに用いられた建築様式です。

大仏様がうまれた背景には，1180年におこった平重衡の＊**南都焼打ち**があります。このとき，東大寺と興福寺が焼失してしまうのです。焼

＊**南都焼打ち**…1180年，平氏の軍勢により南都の東大寺，興福寺が焼打ちされた事件。東大寺と興福寺の衆徒は反平氏活動を積極的に展開していたが，このことが平清盛の怒りに触れ，清盛の命により平重衡が率いる軍勢の攻撃を受けた。

建築１（鎌倉文化）

大仏様：東大寺南大門

禅宗様：円覚寺舎利殿

和様：蓮華王院本堂

折衷様：観心寺金堂

失した東大寺を復興する際に独特の建築様式を用いた。それが大仏様です。

大仏様の代表的な建築物は**東大寺南大門**です。

テーマ１　鎌倉文化の仏像

東大寺と興福寺が焼失した際に，仏像もその多くが焼けてしまいます。そのため，東大寺と興福寺には，鎌倉時代の仏像が多いのです。重要なものを以下にまとめておきますね。

東大寺では，先ほど出てきた南大門の**金剛力士像**（こんごうりきしぞう）を押さえておきましょう。この像は，*****運慶**（うんけい）と**快慶**（かいけい）によってつくられました。金剛力士像は，南大門の向かって左側に阿形（あぎょう），右側に吽形（うんぎょう）が安置されています。阿形は口を大きく開いており，吽形は口を閉じています。阿形，吽形，どこかで聞いたことないですか？　そう，「阿吽（あうん）の呼吸」の「阿吽」というのはここからきているのです。

東大寺南大門金剛力士像

それから**僧形八幡神像**（そうぎょうはちまんしんぞう）です。これは快慶の作品です。僧形八幡神像は，第２章の弘仁・貞観文化でも出てきましたね（→ P.45）。ただし，弘仁・貞観文化で出てきた僧形八幡神像は薬師寺（やくしじ）でした。鎌倉文化では，東大寺の僧形八幡神像が登場します。

一方，興福寺には**無著・世親像**（むちゃく・せしんぞう）があります。これは運慶の作

＊**運慶**…鎌倉前期に活躍した仏師。剛健かつ写実的な手法を樹立し，鎌倉時代における彫刻の新様式を完成させた。運慶の父は康慶（こうけい）。康慶以後，運慶，湛慶（たんけい），康弁と優れた仏師がつづいた。快慶は康慶の弟子。

品です。それから，**天灯鬼・竜灯鬼像**です。これは運慶の子の**康弁**の作品になります。

さらに，第2章で触れた**六波羅蜜寺空也上人像**（→P.36）も鎌倉文化の作品です。同じく運慶の子である**康勝**の作品です。

他に，**高徳院阿弥陀如来像**も鎌倉時代の代表的な彫刻です。高徳院阿弥陀如来像というと，ピンと来る人は少ないかもしれませんね。あの有名な**鎌倉大仏**のことです。こちら作者は不明です。

禅宗様の誕生

大仏様の次は，**禅宗様**です。別名を**唐様**ともいいます。中世になって日本に禅宗がもたらされると，その禅宗の建築様式である禅宗様も中国から伝えられます。中国からもたらされたので別名を唐様というわけです。禅宗様の代表的な建築として**円覚寺舎利殿**があります。

それ以外にも，平安時代以来の和風の伝統的な建築様式である**和様**と，和様に大仏様と禅宗様を取り入れた**折衷様**もあります。和様と他の様

＊**安国寺**…足利尊氏・直義兄弟が夢窓疎石の勧めにより，後醍醐天皇らの供養と国家安寧を祈願するために，国ごとに建立した寺。仏舎利（釈迦の遺骨）を納めた利生塔と呼ばれる塔も建立された。

建築2
（室町文化）

南北朝文化
安国寺

北山文化
鹿苑寺金閣

東山文化
慈照寺銀閣

書院造

庭園

南北朝文化
天龍寺庭園，西芳寺庭園

北山文化
鹿苑寺庭園

東山文化
龍安寺石庭，大徳寺大仙院庭園

枯山水

式のミックスであるということです。今でも，「和洋折衷」という風にいいますね。和様の代表的な建築物は，現在の滋賀県にある**石山寺多宝塔**と，京都府の**蓮華王院本堂**です。蓮華王院本堂は**三十三間堂**ともいわれ，堂内には千手観音坐像と1000体の千手観音立像があります。折衷様の代表的な建築物は大阪府の**観心寺金堂**です。

南北朝文化の頃になると，室町幕府が禅宗を保護するようになります。その結果，国ごとに＊**安国寺**と呼ばれる臨済宗の寺院と，**利生塔**と呼ばれる塔がつくられるようになります。奈良時代に聖武天皇がつくらせた国分寺のようなものですね。

この頃登場するのが，第３章でもお話しした**夢窓疎石**（→ P.65）です。夢窓疎石は作庭の技術がすばらしく，特に有名なのが天龍寺庭園と西芳寺庭園です。西芳寺は，別名苔寺と呼ばれるくらい，様々な種類の苔が庭一面にびっしりと敷かれているんですよ。

北山文化の代表的な建築物は，足利義満が建てた**鹿苑寺金閣**です。いわゆる「金閣寺」ですね。これは間違えている人が多いのですが，「金閣寺」というお寺はないんですよ。鹿苑寺にある「金閣」という建物のことを，「金閣寺」と呼んでいるのです。

つまり，「金閣寺」という名称はあくまでも通称なんです。皆さんは，建築物といわれたら「金閣」，お寺といわれたら「鹿苑寺」と答えられるようにしておきましょう。金閣は**寝殿造風と禅宗様の折衷**でつくられ

＊**書院造**…室町時代に成立した武家住宅の建築様式。寝殿造から発展したが，生活に合わせ小さな部屋がいくつもあるなど，寝殿造とは違うつくりになっている。慈照寺東求堂同仁斎は，のちの和風家屋に通じる代表例。

ています。折衷といっても，先ほど出てきた折衷様とは違いますよ。金閣は３層に分かれていて，一番下の第１層が寝殿造風，一番上の第３層が禅宗様になっています。あの金箔が貼ってあってピカピカ光っている部分は，一番上と真ん中の層になります。北山文化の庭園では，金閣のある鹿苑寺庭園があります。

東山文化の代表的な建築物は，足利義政が建てた**慈照寺銀閣**(じしょうじぎんかく)です。先ほどの「金閣寺」と同様，「銀閣寺」も通称です。皆さんは,「慈照寺」の「銀閣」と押さえておきましょう。

銀閣は***書院造**(しょいんづくり)**と禅宗様の折衷**でつくられています。

この慈照寺の中には，**東求堂同仁斎**(とうぐどうどうじんさい)というものがあります。東求堂という建物の中にある４畳半の書斎です。採光のための障子(明障子(あかりしょうじ))や，備えつけの机(付書院(つけしょいん))，段違いの棚(違い棚)などの特徴があり，書院造の代表例です。

さて，この頃の庭園は***枯山水**(かれさんすい)(せんずい)という，石や砂で川の流れなどを表現した様式の庭園が出てきます。代表的なものに，**龍安寺石庭**(りょうあんじせきてい)や**大徳寺大仙院庭園**(だいとくじだいせんいんていえん)などがあります。

＊**枯山水**…池や流水を用いずに，石と砂で山水の風景や生命を表現することを特色とした庭園様式。室町時代に伝わった宋,明の水墨画の影響によるものといわれ，龍安寺の庭園がその代表。

絵画1
（鎌倉文化）

似絵
藤原隆信，藤原信実

頂相
禅僧の肖像画

絵巻物
『蒙古襲来絵巻』，『一遍上人絵伝』

表A-1

	鎌倉文化	室町文化		
		南北朝文化	北山文化	東山文化
建築	①大仏様（天竺様）東大寺南大門 ②禅宗様（唐様）円覚寺舎利殿 ③和様 (1)石山寺多宝塔 (2)蓮華王院本堂 ④折衷様 観心寺金堂	①安国寺 ②利生塔	鹿苑寺金閣 寝殿造風・禅宗様	①慈照寺銀閣 書院造・禅宗様 ②慈照寺東求堂同仁斎 書院造
庭園		①天龍寺庭園 ②西芳寺庭園	鹿苑寺庭園	①龍安寺石庭 ②大徳寺大仙院庭園

表A-2 につづく

ちょきん！

絵画を押さえよう！

表A-2

つづいては，絵画です。鎌倉文化の絵画は，**似絵**（にせえ），**頂相**（ちんぞう（そう）），**絵巻物**（えまきもの）の3種類です。

まずは，**似絵**から。これは読んで字のとおり，**本人に似せて描かれた肖像画**（しょうぞうが）です。似絵の代表的な画家に，**藤原隆信**（ふじわらのたかのぶ）と**藤原信実**（ふじわらののぶざね）父子がいます。父の藤原隆信は有名な『**伝源頼朝像**（でんみなもとのよりともぞう）』が，子の藤原信実は『**後鳥羽上皇像**（ごとばじょうこうぞう）』が代表作です。源頼朝像の前に「伝」とつくのは，最近の研究でこの

＊**師僧**…師と仰がれる僧侶のこと。禅宗では師僧から弟子への法の伝承に重きを置くので，頂相をとても大切にした。師僧は法を伝えた証拠に，自らの頂相を弟子に与え，弟子はこれを師僧の命日などにかけて供養した。

像は源頼朝を描いたものではないという考えが出てきたからです。

つづいては**頂相**です。頂相とは**禅宗**の**＊師僧の肖像画**のことです。

頂相では特別有名な作品はありませんが，読み方が問われる場合もあります。「**ちんぞう**」または「**ちんそう**」と読みます。このように読み方を知らないと正しく読めないものは，読み方を注意しておきましょう。

絵巻物の描かれた時期に注意！

次に，**絵巻物**です。絵巻物については，院政期の文化と対比して覚えておきましょう。主要なものをこの項の最後にあげておきますね（→ P.84）。

絵巻物については，内容はもちろんですが，つくられた時期にも注意してください。院政期の文化の絵巻物は第２章ですでにやっていますから（→ P.44），鎌倉文化の絵巻物について１つずつみていきますね。

『蒙古襲来絵巻』は蒙古襲来の際の絵巻物で，肥後国（現熊本県）の御家人である竹崎季長が描かせたものです。また，**『男衾三郎絵巻』**は東国の武士の生活を描いた絵巻物です。

鎌倉時代に活躍した一遍上人を描いた**『一遍上人絵伝』**や，南都焼打ちで被災した春日大社の神様のお話を描いた**『春日権現験記』**も，もちろん鎌倉時代の絵巻物になります。

＊**雪舟**…室町時代の画僧。京都の相国寺で，室町幕府の御用絵師となった周文に画を学ぶ。山口の雲谷庵を本拠地に各地をまわった。自然に対する深い観察のもとに個性豊かな水墨山水画を描き，後世に大きな影響を与えた。

絵画2（水墨画）
北山文化　明兆，如拙，周文
東山文化　雪舟

絵画3
東山文化　大和絵（土佐派），狩野派

時期を間違えやすいのが，『**北野天神縁起絵巻**』です。これは菅原道真の伝記なので，院政期に描かれていても不思議ではないのですが，鎌倉時代になって描かれた絵巻物です。

あとは，石山寺について描かれた『**石山寺縁起絵巻**』を押さえておけば大丈夫です。

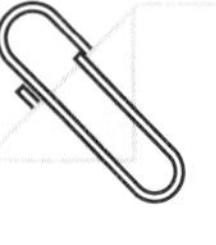

【院政期の文化】	【鎌倉文化】
①『源氏物語絵巻』	①『蒙古襲来絵巻』
②『伴大納言絵巻』	②『男衾三郎絵巻』
③『信貴山縁起絵巻』	③『一遍上人絵伝』
④『鳥獣戯画』	④『春日権現験記』
	⑤『北野天神縁起絵巻』
	⑥『石山寺縁起絵巻』

水墨画の誕生

室町時代になると，**水墨画**が誕生します。水墨画は公案に描かれたことから栄えていきます。水墨画は南北朝文化の頃より始まり，北山文化では，**明兆**，『**瓢鮎図**』の作者である**如拙**，**周文**などが出てきます。

水墨画は東山文化のときに大成します。水墨画の大成者として*__雪舟__の名前を覚えておきましょう。雪舟の代表作に『**四季山水図巻**』や『**秋冬山水図**』，『**天橋立図**』などがあります。

日本古来の大和絵では，朝廷の絵所預であった**土佐派**が**土佐光信**

＊**狩野派**…日本絵画の一流派。室町時代，狩野正信と狩野元信の父子により成立。室町時代後半から江戸時代に幕府の御用絵師として栄えたが，明治初期の近代日本画の先駆けとなった橋本雅邦輩出を最後に，その活躍を終えた。

を中心に発展します。

また，水墨画と大和絵を融合させたのが*狩野派(かのうは)です。狩野派を確立させた狩野正信(かのうまさのぶ)と狩野元信(かのうもとのぶ)の父子を押さえておくとよいでしょう。

表A-2

	鎌倉文化	室町文化		
		南北朝文化	北山文化	東山文化
絵画	①似絵 藤原隆信, 藤原信実 ②頂相 禅僧の肖像画 ③絵巻物	水墨画	水墨画 (1)明兆 (2)如拙 『瓢鮎図』 (3)周文	①水墨画 雪舟 『四季山水図巻』 ②大和絵：土佐派 土佐光信 ③狩野派 狩野正信, 狩野元信

ちょきん！ ちょきん！

表A-3 につづく

和歌・連歌

表A-3

次は，和歌・連歌(れんが)です。

鎌倉文化では，３つの和歌集を押さえておきましょう。まずは，後鳥羽上皇の勅撰である『新古今和歌集(しんこきんわかしゅう)』です。『古今和歌集』の成立が905年でしたが，そのちょうど300年後の1205年に藤原定家(ふじわらのさだいえ（ていか）)と藤原家隆(ふじわらのいえたか)らによって編さんされました。『古今和歌集』の流れを引く和歌集です。

３代将軍 源 実朝(みなもとのさねとも)の『金槐和歌集(きんかいわかしゅう)』には，『新古今和歌集』と違っ

＊西行…平安時代末期に活躍した歌人，僧。俗名は佐藤義清(さとうのりきよ)。もとは北面の武士であったが23歳で出家し，各地を歩いてまわった。花と月，自然を愛し，私家集である『山家集』には数多くの秀歌が残されている。

和歌・連歌

鎌倉文化
『新古今和歌集』

南北朝文化
『菟玖波集』

東山文化
『新撰菟玖波集』

説話集

橘成季
『古今著聞集』

無住
『沙石集』

未詳
『十訓抄』，『宇治拾遺物語』

軍記物語

鎌倉文化
『平家物語』

室町文化
『太平記』

て万葉調の歌が多く収められました。*西行の『山家集』には，武士をやめた西行が全国をまわって詠んだ歌が集められています。

南北朝文化になると，連歌が出てきます。連歌とは和歌の上の句と下の句を複数人で次々に読みつづけていくものです。『**菟玖波集**』という連歌集と，連歌の規則書である『**応安新式**』が**二条良基**によってつくられます。

東山文化では，『**新撰菟玖波集**』を編さんした*宗祇が出てきます。宗祇は**正風連歌**と呼ばれる和歌の伝統を活かした芸術的な連歌の様式を確立させます。このように宗祇は和歌への造詣が深かったため『古今和歌集』の解釈を秘事口伝する古今伝授も行いました。

戦国時代になると，**宗鑑**が登場します。宗鑑の連歌は俳諧連歌と呼ばれます。実は，この俳諧連歌の上の句の部分を独立させたものが江戸時代の俳諧となるのです（→ P.110）。『**犬筑波集**』の編者でもあります。

表 A-3

	鎌倉文化	室町文化		
		南北朝文化	北山文化	東山文化
和歌・連歌	①後鳥羽上皇勅撰『新古今和歌集』 ②源実朝『金槐和歌集』 ③西行『山家集』	二条良基 (1)『菟玖波集』 (2)『応安新式』		①宗祇『新撰菟玖波集』 ②宗鑑『犬筑波集』

ちょきん！

表 A おわり

＊**宗祇**…室町時代後期に活躍した連歌師。歌人である東常縁より古今伝授を受けた。和歌の伝統を活かし，深みのある芸術的な正風連歌を確立する。諸国を歩いてまわり，旅行記『筑紫道記』を著した。

第2部　鎌倉時代と室町時代の文化②

では，第1部に引きつづき，鎌倉時代と室町時代の文化をみていきましょう。

説話集

表B-1

まずは，文学・歴史についてです。文学や歴史は，院政期の文化と比較するとわかりやすいです。復習も兼ねてお話ししていきますね。

まずは，**説話集**です。院政期の文化では『今昔物語集』(→ P.49)がありました。

それが鎌倉文化になると多くの説話集がうまれます。古い説話と今の説話を収録した橘成季の『**古今著聞集**』，仏教説話集である無住の『**沙石集**』が有名です。他に子どもたちへの教訓を集めた『**十訓抄**』や，『今昔物語集』に収めきれなかった説話を集めた『**宇治拾遺物語**』などが鎌倉文化の代表的な説話集です。

軍記物語

次に，**軍記物語**です。院政期の文化の代表的な軍記物語には『将門記』，『陸奥話記』がありましたね。『将門記』はその名のとおり，平将門の乱を，『陸奥話記』は前九年合戦を記した軍記物語でした。

鎌倉文化の軍記物語としては『**保元物語**』(保元の乱を記す)，『**平治物語**』(平治の乱を記す)，『**源平盛衰記**』，『**平家物語**』*など，源平の

＊『**平家物語**』…鎌倉時代の軍記物語。信濃前司行長がつくったとされるが，作者・成立年ともに未詳。平家一門の興亡を中心に描かれ，盲目である琵琶法師によって民間に語り継がれた。

歴史物語・歴史書

鎌倉文化
『水鏡』,『愚管抄』

室町文化
『増鏡』,『神皇正統記』

合戦を描いたものがあります。『平家物語』は平家の興亡を記したもので,「祇園精舎の鐘の声～」で始まる一文が有名ですね。この『平家物語』は,**琵琶法師**によって平曲で語られることで人々に広まりました。平曲とは,琵琶の奏でる音色に合わせ,曲節をつけて『平家物語』を語るものです。

室町文化の軍記物語としては,**『太平記』***があります。『太平記』は南朝の立場で**南北朝の動乱**を描いたものです。太平記読みという『太平記』に節をつけて読む人によって,語り継がれました。

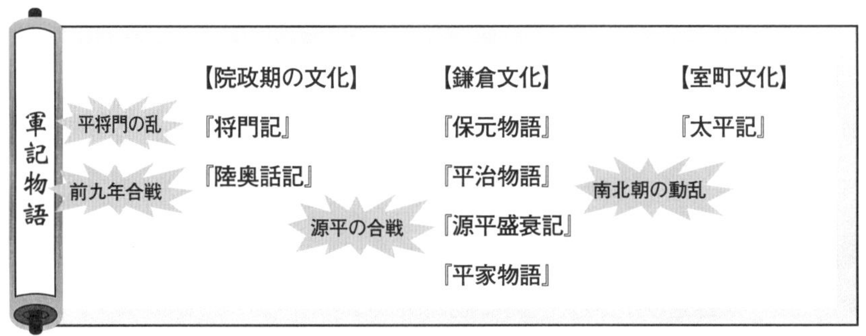

歴史物語・歴史書

つづいて歴史物語・歴史書です。

院政期の文化で取り上げたのは,『大鏡』,『今鏡』でした(→ P.49)。なお,『大鏡』も国風文化の『栄花(華)物語』も藤原氏全盛期について描いていますが,『栄花(華)物語』が藤原氏全盛期を賛美しているのに

＊**『太平記』**…南北朝時代の軍記物語。小島法師がつくったとされるが,作者は未詳。鎌倉幕府滅亡と南北朝の動乱を中心に描かれている。江戸時代には,太平記読みと呼ばれた軍記物語の講釈師によって講釈された。

対して，『大鏡』は藤原氏全盛期を批判的に記述していることに注意しましょう。

鎌倉文化では『吾妻鏡』『水鏡』『愚管抄』『元亨釈書』があります。

『吾妻鏡』は，鎌倉幕府の記録を時代順に記したものです。『水鏡』は『大鏡』『今鏡』につづけて書かれた歴史物語です。しかし，書かれている時代は『大鏡』よりも前の時代のことです。

また，***慈円**が後鳥羽上皇に承久の乱を思いとどまってもらおうと思って記した**『愚管抄』**もあります。

ところで1つ問題です。『愚管抄』はいつ書かれたでしょう？

これは，普通なら難問だと思いますが，『愚管抄』の著された理由がわかれば簡単です。『愚管抄』は後鳥羽上皇に承久の乱を思いとどまらせようとしたわけですよね。つまり，承久の乱は1221年ですからその前年である1220年に成立したものだとわかります。

また，日本最古の仏教史書である虎関師錬の**『元亨釈書』**も代表的なものです。

室町文化では，『増鏡』『神皇正統記』『梅松論』があります。『増鏡』は公家の立場から鎌倉時代を記述したもので，『大鏡』『今鏡』『水鏡』につづく作品です。

『神皇正統記』は***北畠親房**が南朝の正統性を主張するために記したもので，『梅松論』は，北朝の立場で記された歴史書です。『梅松論』の作

＊**慈円**…鎌倉初期の天台宗の僧侶。父は関白の藤原忠通。兄は日記『玉葉』の著者である九条兼実。和歌に秀で，天台宗の首座である天台座主にもなった。独自の史観を展開した『愚管抄』を著したことでも有名。

有職故実

鎌倉文化
『禁秘抄』

室町文化
『職原抄』,『公事根源』

者はわかっていませんが，足利尊氏(あしかがたかうじ)の室町幕府創始を中心に描かれています。細川氏の活躍がところどころ盛り込まれているため，細川氏の関係者が書いたものではないかといわれています。

表 B-1

	院政期の文化	鎌倉文化	室町文化
説話集	『今昔物語集』	①『古今著聞集』 ②『沙石集』 ③『十訓抄』 ④『宇治拾遺物語』	
軍記物語	①『将門記』 ②『陸奥話記』	①『保元物語』 ②『平治物語』 ③『源平盛衰記』 ④『平家物語』	『太平記』
歴史物語・歴史書	①『大鏡』 ②『今鏡』	①『水鏡』 ②『吾妻鏡』 ③『愚管抄』 ④『元亨釈書』	①『増鏡』 ②『神皇正統記』 ③『梅松論』

ちょきん!

表 B-2 につづく

テーマ2　四鏡

『大鏡』，『今鏡』，『水鏡』，『増鏡』の４つの歴史物語は**四鏡**(しきょう)と呼ばれます。この四鏡の共通点は，時の権力を批判する記述をしたということです。

この４つに共通するのは「鏡」の字ですね。「鏡」は真実を映し出すもの。見せたくない事実も映し出してしまう。だから，時

＊**北畠親房**…南北朝時代に活躍した公卿。南朝方の重臣として，後醍醐天皇と後村上天皇に仕えた。子の顕信(あきのぶ)とともに，南朝の勢力保持や拡充に努める。歴史や有職故実に造詣が深く，『神皇正統記』，『職原抄』を著す。

の権力に批判的なんだと押さえておいてください。

ところで，四鏡にはそれぞれどの時代のことが書かれているのでしょうか。

①『大鏡』…藤原氏全盛期のことを記述
②『今鏡』…平安時代末期のことを記述
③『水鏡』…神武天皇から仁明天皇までのことを記述
④『増鏡』…鎌倉時代のことを記述

1つ注意してほしいのが，**『水鏡』**です。これだけ，時代がさかのぼっていますよね。

有職故実

表B-2

最後に，**有職故実**についてです。有職故実とは，朝廷の儀式や典礼(マナーのことです)を研究する学問のことです。

鎌倉文化の有職故実には，**順徳天皇**による**『禁秘抄』**があります。順徳天皇は，承久の乱で佐渡に流された天皇としても出てきますね。

室町文化の有職故実としては，**後醍醐天皇**の**『建武年中行事』**や，**北畠親房**の**『職原抄』**，***一条兼良**の**『公事根源』**があります。後醍醐天皇も北畠親房も天皇親政をめざした人物なので有職故実の書を残すわけです。

一条兼良は室町時代一番の学者と呼ばれた人物で，他にも『源氏物

＊**一条兼良**…室町中期に活躍した公卿・学者。太政大臣・関白を歴任。当代一の学才といわれ，歴史・有職故実・文学に通じた。和歌『新続古今和歌集』や連歌『新式今案』，随筆『小夜の寝覚』など数多くの編著がある。

その他

鎌倉文化
青蓮院流，
金沢文庫

北山文化
世阿弥
『風姿花伝』

東山文化
侘茶，
小歌

語』の注釈書である『**花鳥余情**』，９代将軍足利義尚への政治提言書である『**樵談治要**』などを著しています。

表 B-2

	院政期の文化	鎌倉文化	室町文化
有職故実		『禁秘抄』	①『建武年中行事』 ②『職原抄』 ③『公事根源』

表 B おわり

最後に押さえておきたいこと

では，最後に鎌倉文化と室町文化の残りを押さえていきましょう。

鎌倉文化の書道では**青蓮院流**がうまれます。三跡（蹟）（→ P.46）に代表される和様の書道に宋の書風を加味したもので，**尊円入道親王**が始めたものです。あとは，武家による最初の図書館として**金沢実時**による**金沢文庫**も開かれました。

北山文化では，**能**を押さえておいてください。**金剛座**・**金春座**・**観世座**・**宝生座**からなる**大和猿楽四座**が中心となります。彼らは大和の興福寺，春日大社に仕えて能をやっていました。

＊『**風姿花伝**』…世阿弥が著した能楽に関する芸術論書。著書の中では亡き父である観阿弥の教えをもとに，習道論や演出論，猿楽の歴史など幅広く論じられている。日本初の演劇論とされる。

観世座からは**観阿弥**と**世阿弥**父子が登場し，３代将軍足利義満の保護を受けます。世阿弥の著書には，能の神髄を述べた*『**風姿花伝**』があります。また，能の合間に演じられる風刺性の強い喜劇である**狂言**も登場します。

東山文化では，**上杉憲実**が再興した**足利学校**を押さえておいてください。教育水準が高かったため，キリスト教を日本に伝えたザビエルが，足利学校を「坂東の大学」と西洋に紹介しました。また，この頃に，茶と禅の精神を統一させた**侘茶**がうまれます。**村田珠光**が創始し，**武野紹鷗**に引き継がれ，桃山文化の**千利休**が大成します。

また，**池坊専慶**から始まる**花道**もうまれます。さらに***小歌**もこの頃はやり，小歌集である『**閑吟集**』がつくられました。

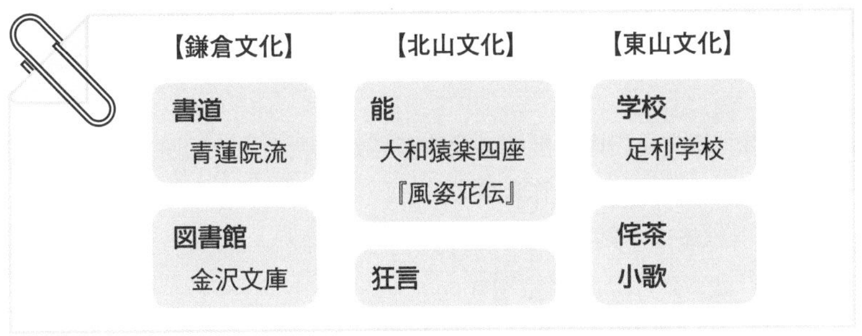

さあ，これで鎌倉時代と室町時代の文化は終わりです。第５章では，いよいよ近世の文化に入っていきますよ。

＊**小歌**…中世から近世初期に歌われた一節からなる歌謡。宮廷儀礼で歌われた歌謡を大歌と呼ぶのに対して，民間で歌われた流行歌などを指す。自由な形式で歌われ，室町時代から町衆の間で広く流行した。

第4章 これをチェック！ 鎌倉時代と室町時代の文化2

おつかれさまでした。さあ，力がついたかどうか試してみましょう。各文化の代表的な名称をチェックして，間違えたら，もう一度本文に戻ってください。

鎌倉文化

建築

❶（東大寺）南大門：（大仏）様。別名天竺様。（金剛力士）像は（運慶）・快慶の作品

❷（円覚寺）舎利殿：（禅宗）様。別名（唐）様

絵画

❸（似絵），（頂相），絵巻物：読み方に注意するのは（頂相）。絵巻物は描かれた時代に注意！

和歌

❹『（新古今和歌集）』：（後鳥羽上皇）の勅撰和歌集

室町文化

❺室町文化は，（南北朝）文化，３代将軍（足利義満）の頃の（北山）文化，８代将軍（足利義政）の頃の（東山）文化の３つに分けられる

建築

❻（鹿苑寺金閣）：北山文化。３代将軍（足利義満）が建立。（寝殿造）風・禅宗様

❼（慈照寺銀閣）：東山文化。８代将軍（足利義政）が建立。（書院造）・禅宗様

絵画

❽（水墨画）：南北朝文化の頃に誕生。公案に描かれたことから栄えていく

⑴『瓢鮎図』…… 作者は（如拙）

⑵『秋冬山水図』…… 作者は（雪舟）

第4章 舞台はここ！

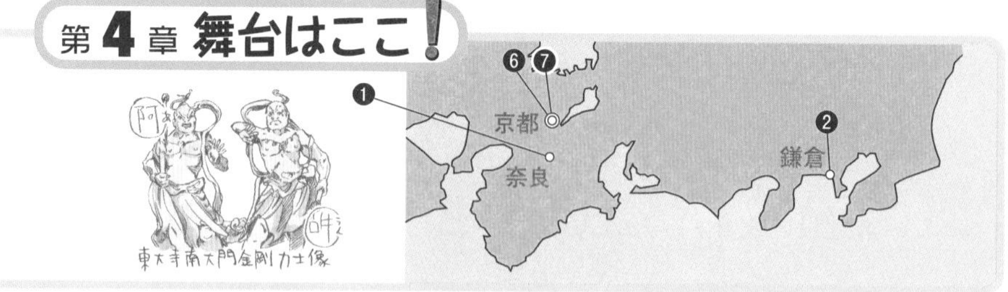

さあ，最後に，第４章全体の表（P74 ～ 75）に戻ってください。最初はただの表だった。でも今なら，１つ１つの言葉の意味と表全体の流れが，はっきりみえると思いますよ！

桃山文化と江戸時代の文化

1573 ～ 1868

メイン講義

第１部　近世の絵画・建築
第２部　近世の工芸・文芸・芸能

テーマ講義

狩野派ブームの陰り
錦絵

こんにちは，日本史の金谷です。金谷俊一郎です。

いよいよ文化史も近世に入ってきました。近世は，文化史のヤマともいえる場所です。もちろん入試にもドンドン出題されます。しかも，覚えることが多いです。でも，しっかりと時代背景を確認して歴史的展開をつかんでいけば，楽に覚えることができます。がんばっていきましょう。

▼ 第5章　早わかり講義 ▼

Track	内容
09	第１部　近世の絵画・建築
10	第2部　近世の工芸・文芸・芸能

URL ▶ https://www.toshin.com/tb_audio/xerp/　PW ▶ Tb852Bk

第5章ってどんなカンジ？

第５章はたくさんの人物や作品が出てきます。でも，１つ１つ整理できるよう，ちゃんとお話ししますね。授業の途中に，はさみで切り取られた表がまとめとして出てきます。この表は，あとで頭の整理に使ってください。

表A　桃山文化と江戸時代の文化の対比①

	1 P106	2 P108
	絵画	建築
桃山文化	①狩野派 (1)狩野永徳 『洛中洛外図屏風』，『唐獅子図屏風』 (2)狩野山楽『松鷹図』 ②長谷川等伯 『松林図屏風』，『智積院襖絵』 ③南蛮屏風	①城郭建築：本丸，郭，居館 (1)安土城 (2)大坂城 (3)伏見城 (4)姫路城（白鷺城） ②茶室 千利休：妙喜庵茶室（待庵）
寛永文化	①狩野派 (1)狩野探幽『大徳寺方丈襖絵』 (2)久隅守景『夕顔棚納涼図屏風』 →のちに狩野派から離脱（破門） ②俵屋宗達『風神雷神図屏風』	①権現造 日光東照宮：徳川家康を祀る ②数寄屋造 (1)桂離宮 (2)修学院離宮
元禄文化	①土佐派：土佐光起 ②住吉派：住吉如慶，住吉具慶 ③琳派：尾形光琳 『紅白梅図屏風』，『燕子花図屏風』 ④浮世絵：菱川師宣『見返り美人図』（肉筆画）	
宝暦・天明期の文化	①浮世絵 (1)鈴木春信：錦絵の創始 (2)喜多川歌麿『婦女人相十品』 (3)東洲斎写楽『市川鰕蔵』 ②写生画 円山派：円山応挙 ③文人画：池大雅・蕪村『十便十宜図』 ④西洋画 (1)平賀源内 (2)司馬江漢『不忍池図』，腐食銅版画を創始	
化政文化	①浮世絵 (1)葛飾北斎『富嶽三十六景』 (2)歌川（安藤）広重『東海道五十三次』 ②写生画 四条派：呉春（松村月溪）	

表B 桃山文化と江戸時代の文化の対比②

	1 P109 工芸	2 P113 文芸	3 P115 芸能
桃山文化	欄間彫刻：透し彫	天草版 (1)『平家物語』 (2)『伊曽保物語』	①阿国歌舞伎：出雲阿国 ②三味線：琉球から渡来 ③隆達節：高三隆達
寛永文化	①本阿弥光悦 舟橋蒔絵硯箱 ②陶磁器：有田焼，薩摩焼，萩焼 ③赤絵：酒井田柿右衛門	①仮名草子 ②俳諧 貞門俳諧：松永貞徳	
元禄文化	①尾形光琳 八橋蒔絵螺鈿硯箱 ②京焼：野々村仁清	①浮世草子：井原西鶴 『好色一代男』 『武道伝来記』 『日本永代蔵』 ②俳諧 (1)談林俳諧：西山宗因 (2)蕉風（正風）俳諧： 松尾芭蕉	①歌舞伎 (1)市川団十郎： 江戸・荒事 (2)坂田藤十郎： 上方・和事 (3)芳沢あやめ： 上方・女形 ②人形浄瑠璃 (1)近松門左衛門 『曽根崎心中』 (2)竹本義太夫： 義太夫節
※宝暦・天明期の文化		①文学 (1)洒落本 (2)黄表紙 ②俳諧：蕪村 ③川柳，狂歌	人形浄瑠璃 (1)竹田出雲（二世） 『仮名手本忠臣蔵』 (2)近松半二 『本朝廿四孝』
化政文化		①文学 (1)滑稽本 (2)合巻 (3)人情本 (4)読本 ②俳諧：小林一茶	歌舞伎 (1)鶴屋南北 『東海道四谷怪談』 (2)河竹黙阿弥：白浪物

※教科書によって「宝暦・天明期の文化」の名称を明記するものとしないものがあります。

第5章　時代はここ！

世紀	時代 中国	時代 日本	文化	中心人物	年	主な出来事
	明	安土・桃山		織田信長	1576年	安土城の築城開始
					1582年	本能寺の変（織田信長の死）
16			桃山文化	豊臣秀吉	1583年	大坂城の築城開始
					1587年	バテレン追放令 北野大茶湯
		江戸		徳川家康	1603年	徳川家康，征夷大将軍となる 歌舞伎の創始（出雲阿国）
	清		寛永文化		1616年	徳川家康の死
						日光東照宮の建立
						島原の乱
17				徳川家光	1639年	ポルトガル船の来航禁止（鎖国状態に）
				徳川家綱	1657年	明暦の大火
			元禄文化			『好色一代男』（井原西鶴）
				徳川綱吉	1685～1709年	生類憐みの令
				徳川吉宗	1716～45年	享保の改革
18			宝暦・天明期の文化			鈴木春信，錦絵を創始
				徳川家斉	1787～93年	寛政の改革（老中：松平定信）
			化政文化			『南総里見八犬伝』（曲亭馬琴）
19					1841～43年	天保の改革（老中：水野忠邦）

第1部　近世の絵画・建築

近世の文化の時代区分

表A-1

近世の絵画をみていく前に，まずは近世の文化を5つに分けていきましょう。**桃山文化**，**寛永文化**，**元禄文化**，**宝暦・天明期の文化**，**化政文化**の5つです。

桃山文化	安土・桃山時代の文化
寛永文化	江戸時代初期(17世紀前半)の文化
元禄文化	17世紀後半から18世紀前半の文化（元禄期中心）
宝暦・天明期の文化	18世紀後半の文化（宝暦・天明期中心）
化政文化	19世紀前半の文化（文化・文政期中心）

教科書によっては宝暦・天明期の文化を「化政文化」に含める場合もあります。

各文化の担い手は？

つづいては，各文化の担い手です。

桃山文化は，安土・桃山時代の文化ですから，文化の担い手は戦国大名です。その代表格が**織田信長**と**豊臣秀吉**でした。

寛永文化は江戸時代初期，ちょうど鎖国が完成する17世紀前半の文化です。この頃，京都を中心とした豪商が海外との貿易で繁栄していました。寛永文化はそのような豪商を担い手として，朝廷や公家，大名の間に広がったものです。元禄文化は上方*の町人を中心とした文化，宝

＊**上方**…京都・大坂とその付近一帯を指す。もともとは皇居があったことから京都が上方となった。江戸時代に入ると，幕府は関東に対して三河(現愛知県)以西の地域を上方と呼んだ。都へ行くことを「上る」，地方へは「下る」という。

暦・天明期の文化と化政文化は江戸の町人を中心とした文化となります。

絵画１（桃山文化）

狩野永徳『洛中洛外図屏風』

狩野山楽『松鷹図』

長谷川等伯『松林図屏風』

その他 南蛮屏風

桃山文化の絵画は？

それでは，絵画からみていきましょう。桃山文化の絵画は，室町時代の後半に出てきた**狩野派**(かのうは)が中心となります(→ P.85)。

狩野派の代表的な画家は，**『洛中洛外図屏風』**(らくちゅうらくがいずびょうぶ)や**『唐獅子図屏風』**(からじしずびょうぶ)で有名な*__狩野永徳__(かのうえいとく)と，**『松鷹図』**(しょうようず)で有名な**狩野山楽**(かのうさんらく)です。

狩野派がよく描いたのが，**濃絵**(だみえ)です。これは金色や銀色の紙の上に，赤や青など原色の絵の具で彩色をほどこす手法で描かれました。想像していただければわかると思うのですが，非常に派手派手(はではで)しいものです。

そのため，派手を好んだ戦国大名に気に入られ，お城の襖(ふすま)や障子(しょうじ)を彩る絵画として描かれます。このような絵のことを**障壁画**(しょうへきが)といいます。狩野派は，障壁画の需要により発展していき，大ブームとなったわけです。

狩野派以外では，**『松林図屏風』**(しょうりんずびょうぶ)や長谷川久蔵(はせがわきゅうぞう)との共作**『智積院襖絵』**(ちしゃくいんふすまえ)で有名な*__長谷川等伯__(はせがわとうはく)を押さえておくとよいでしょう。

また，この頃になると，南蛮人(なんばんじん)（ポルトガル人やスペイン人のこと）が日本にやってきます。すると，南蛮人の様子を描いた絵画が描かれるよ

＊**狩野永徳**…安土・桃山時代の狩野派の画家。狩野派の基礎を築いた人物。織田信長・豊臣秀吉に仕え，安土城や大坂城の障壁画を描いた。代表作の『洛中洛外図屏風』は，京都の名所や庶民の生活を題材にしている。

うになります。このような絵が描かれた屏風を**南蛮屏風**といいます。

江戸時代の狩野派は？

桃山文化の頃にブームとなった狩野派ですが，寛永文化になると勢いがなくなっていってしまいます。

テーマ1　狩野派ブームの陰り

寛永文化の頃には，狩野派を好んだ戦国大名がいなくなります。もちろん，江戸時代にも大名はいますよね。でも，戦国時代のように贅を尽くしたお城をつくることができなくなるんです。

なぜか？　寛永文化の頃に何があったか思い出してください。一国一城令や武家諸法度，参勤交代といった大名の統制が始まっていますよね。つまり，**大名が勝手に城をつくれなくなった**んです。そのうえ，参勤交代による出費もかさむ一方でした。そのため，お城を彩る障壁画の需要も少なくなっていくわけです。こうして，狩野派のブームも少しずつ衰えていくことになります。

寛永文化の頃の狩野派では，**『大徳寺方丈襖絵』**で有名な**狩野探幽**を押さえておけば大丈夫です。

狩野探幽は幕府の御用絵師となりましたが，これによって子孫は様式の踏襲にとどまるようになり，絵が形式化していきます。その中で農民

＊**長谷川等伯**…安土・桃山時代の画家で，長谷川派の祖。はじめは仏画を描いていたが，のち京都に出て宋元画を学ぶ。独自の金碧障壁画様式を確立するだけでなく，雪舟に傾倒し日本独自の水墨画様式をも確立させた。長谷川久蔵は彼の息子。

絵画２（寛永文化）
狩野探幽
『大徳寺方丈襖絵』
久隅守景
『夕顔棚納涼図屏風』
俵屋宗達
『風神雷神図屏風』

の実生活を描いて人気を博したのが，狩野派を破門されたと伝えられる**久隅守景**です。代表作は『**夕顔棚納涼図屏風**』です。

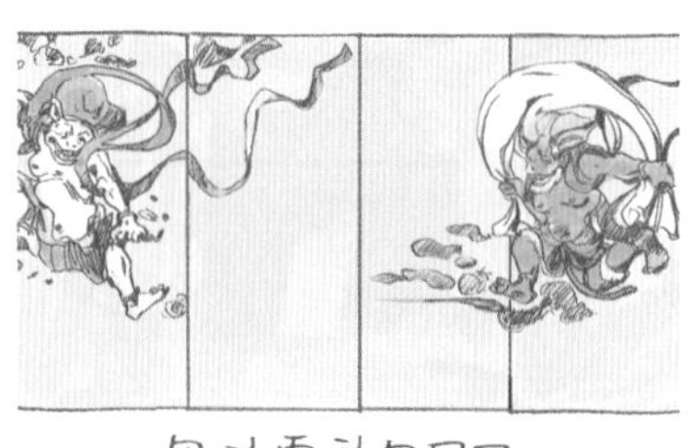

風神雷神図屏風

また，この頃になると，大和絵の手法を用いた**俵屋宗達**という人物が登場します。彼の代表作は『**風神雷神図屏風**』です。装飾画に新しい様式をつくったことでも有名です。

絵画３（元禄文化）
土佐派
土佐光起
住吉派
住吉如慶，住吉具慶
琳派
尾形光琳
浮世絵
菱川師宣
『見返り美人図』

元禄文化の頃になると，狩野派は力を失っていきます。ブームというものが必ず終わるということは，いつの時代でも同じなわけです。

かわって，大和絵の**土佐派**が復活します。土佐派の中心は，**土佐光起**です。また，土佐派から分派した*** 住吉派**も登場します。**住吉如慶**と**住吉具慶**の父子が代表的な画家です。

一方，俵屋宗達の画風を受け継ぐ人物が現れます。それが**尾形光琳**です。尾形光琳の代表作は，『**紅白梅図屏風**』と『**燕子花図屏風**』です。彼の絵の流派を**琳派**といいます。

＊**住吉派**…江戸時代の大和絵の流派の１つ。土佐派に学んだ江戸時代前期の画家である住吉如慶を祖とする。住吉如慶の子である具慶以降，京都を拠点とした土佐派に対して，代々江戸幕府の御用絵師を務めた。

浮世絵の登場

また，元禄文化では，*浮世絵（うきよえ）が登場します。浮世絵は木版の版画と肉筆画に分かれます。版画というのは，同じ絵を何枚も刷ることができるので，大量生産が可能になります。その結果，庶民でも安価に購入することができるようになるわけです。これは，浮世絵版画と呼ばれます。

当時の浮世絵を代表する人物に**菱川師宣**（ひしかわもろのぶ）がいます。菱川師宣は浮世絵版画を始め，多くの作品を描いて人気絵師となります。菱川師宣の代表作は，有名な**『見返り美人図』**（みかえりびじんず）です。切手になったこともあります。ただ，この『見返り美人図』は版画ではなく，肉筆画です。実は，元禄文化の頃，浮世絵版画はカラーではなくモノクロだったため，カラーの絵は肉筆画しかなかったわけです。

浮世絵は，宝暦・天明期の文化になるとさかんになります。浮世絵をさかんにした人物が**鈴木春信**（すずきはるのぶ）です。

テーマ2　錦絵

鈴木春信はどのようにして浮世絵ブームをおこしたのでしょうか？　そのカギは，彼自身が創始した**錦絵**（にしきえ）にあります。錦絵とは，たくさんの色を使った浮世絵版画のことです。元禄文化の頃の浮世絵版画は，１色とか２色だったんです。でも，たとえば写

＊**浮世絵**…江戸時代に主として遊里，遊女，役者などを描いた庶民的風俗画。特に版画は江戸時代前期の浮世絵師である菱川師宣によって確立され，鈴木春信の多色刷りの技法(錦絵)によって発展した。

絵画4
（宝暦・天明期の文化）

浮世絵

鈴木春信，喜多川歌麿，東洲斎写楽

写生画

円山派

文人画

池大雅，蕪村

西洋画

平賀源内，司馬江漢

絵画5
（化政文化）

浮世絵

葛飾北斎，歌川(安藤)広重

写生画

四条派

真とか絵とか，白黒とフルカラーならどっちがいいですか？　フルカラーって答える人が多いんじゃないかと思います。たくさん色があった方が綺麗だったりしますよね。当時も同じなんです。

だから，**浮世絵版画が多色刷りになることによって，浮世絵は全盛期を迎える**というわけです。

また，寛政の改革の頃に『**婦女人相十品**』でおなじみの**喜多川歌麿**と，『**市川鰕蔵**』で有名な**東洲斎写楽**が出てきます。この２人の共通点は，**大首絵**といって，人物の顔を強調するように描く手法を用いた点です。美人やイケメンの役者の顔を強調した絵です。

化政文化の頃になると，『**富嶽三十六景**』の＊**葛飾北斎**と，『**東海道五十三次**』の**歌川(安藤)広重**が登場します。これらの風景画は，のちにヨーロッパでも高い評価を受けます。

浮世絵に対抗して……

さて，この頃には，浮世絵に対抗するような形で，様々な絵画がうまれてきます。ブームがおこるとアンチが出てくるわけです。

まずは，**写生画**です。写生画は，遠近法を取り入れた写実的な絵画が

＊**葛飾北斎**…江戸時代後期の浮世絵師。はじめ江戸中期に活躍した浮世絵師の勝川春章に学び，狩野派や洋風画などの画法も摂取して独自の画風を確立。風景版画である『富嶽三十六景』はフランス印象派の画家に影響を与えた。

その特徴となります。宝暦・天明期の文化の**円山応挙**の**円山派**と化政文化の**呉春**(松村月溪)の**四条派**を押さえておくとよいでしょう。

つづいては，**文人画***です。文人画とは，文化人が描く絵という意味で，中国の画法をもとにしたものが多いです。宝暦・天明期の文化の代表作に**池大雅**と**蕪村**の『**十便十宜図**』があります。

みてもわかるように，まるで中国の人が描いたような絵になっていますよね。蕪村はのちほど登場しますが，俳諧の人物です。このように本職の画家でない人によって描かれる点が文人画の特徴です。

化政文化の頃になると**渡辺崋山**が文人画の代表的な画家として登場します。渡辺崋山は，蛮社の獄(1839年)で処分された人物ですね。

また，宝暦・天明期の頃になると，西洋文化も流入するようになり，**西洋画**が描かれます。西洋画の先駆けとなったのが，**平賀源内**です。平賀源内は，大学受験では発明家というよりも西洋画家としてよく出題されます。西洋画では，『**不忍池図**』の**司馬江漢**も代表的な人物です。江漢は**腐食** ***銅版画**(エッチング)を創始した人物でもあります。

＊**文人画**…学者や文人らの文化人が描いた絵画で，専門画家によらない絵画のこと。南画ともいう。明や清の南宗画の影響を受け，日本では江戸時代中期以降にさかんになった。水墨淡彩で，世俗の評価にとらわれない清純な気品が重んじられる。

建築

桃山文化
城郭建築,茶室

寛永文化
権現造,数寄屋造

表 A-1

	絵画
桃山文化	①狩野派 (1)狩野永徳 『洛中洛外図屏風』,『唐獅子図屏風』 (2)狩野山楽『松鷹図』 ②長谷川等伯 『松林図屏風』,『智積院襖絵』 ③南蛮屏風
寛永文化	①狩野派 (1)狩野探幽『大徳寺方丈襖絵』 (2)久隅守景『夕顔棚納涼図屏風』→のちに狩野派から離脱(破門) ②俵屋宗達『風神雷神図屏風』
元禄文化	①土佐派:土佐光起 ②住吉派:住吉如慶,住吉具慶 ③琳派:尾形光琳 『紅白梅図屏風』,『燕子花図屏風』 ④浮世絵:菱川師宣 『見返り美人図』(肉筆画)
宝暦・天明期の文化	①浮世絵 (1)鈴木春信:錦絵の創始 (2)喜多川歌麿『婦女人相十品』 (3)東洲斎写楽『市川鰕蔵』 ②写生画 円山派:円山応挙 ③文人画:池大雅・蕪村『十便十宜図』 ④西洋画 (1)平賀源内 (2)司馬江漢『不忍池図』,腐食銅版画を創始
化政文化	①浮世絵 (1)葛飾北斎『富嶽三十六景』 (2)歌川(安藤)広重『東海道五十三次』 ②写生画 四条派:呉春(松村月溪)

…表 A-2 につづく

ちょきん!

建築は?

表 A-2

絵画につづいて建築をみていきましょう。

＊**銅版画**…銅板に絵画を刻んで刷った版板。銅板に直接刀で彫刻する方法と,銅版面を薬品で腐食させる方法がある。司馬江漢は平賀源内に学んで腐食銅版画(エッチング)を創始した。

絵画と建築には，関連性がないようにみえますが，桃山文化の頃の狩野派は，城郭内部の壁にも障壁画を描いたわけですから，絵画と建築は関連づけて理解してください。

まず，桃山文化の特徴といえば**城郭建築**です。

お城というと，皆さんは天守閣を連想すると思いますが，天守閣は城郭の一部にすぎません。城郭は，石垣で築かれ，まわりには**郭**と呼ばれる土や石でできた囲いや濠がめぐらされていました。城の内部には**本丸**という天守閣の部分と**居館**と呼ばれる居住スペースがあり，その居館には書院造が取り入れられました。建物の内部の襖や屏風などには障壁画が描かれ，欄間と呼ばれる，襖の上の部分には**透し彫**と呼ばれる彫刻がほどこされました。

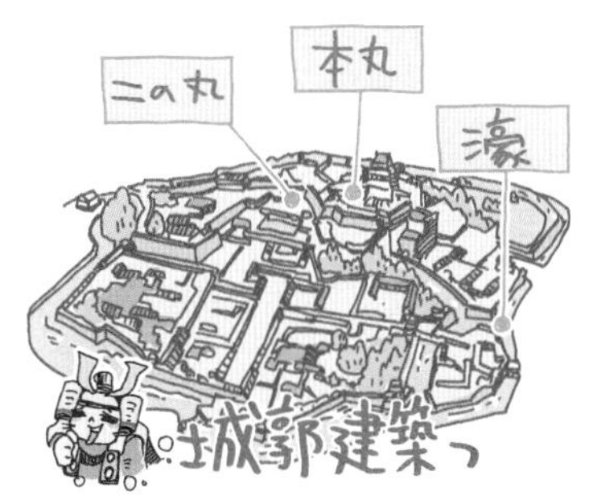

この時代の有名な城郭として，**安土城**や**大坂城**，**伏見城**，**姫路城**があります。いずれも壮麗な建築で，安土城は織田信長が，大坂城や伏見城は豊臣秀吉が自らの権力を示すものとして築城されました。姫路城はその美しさから別名**白鷺城**とも呼ばれています。

この頃は＊**千利休**が侘茶を大成させた時期でもあります。利休の茶室は現在も残っていて，**妙喜庵茶室**（**待庵**）といいます。これは２畳敷の

＊**千利休**…安土・桃山時代の茶人。茶道の大成者。堺の豪商出身で，織田信長や豊臣秀吉に仕えた。草庵風の茶室を完成し，簡素で静寂な境地を重んじる侘茶を大成する。のちに秀吉の逆鱗に触れ，切腹を命じられたといわれている。

工芸

桃山文化
欄間彫刻

寛永文化
本阿弥光悦,
酒井田柿右衛門

元禄文化
野々村仁清,
尾形光琳

絵画でも登場

茶室で，とても簡素なものでした。

寛永文化になると，霊廟(れいびょう)建築の様式として**権現造(ごんげんづくり)***が登場します。家康を祀(まつ)るためにつくられた**日光東照宮(にっこうとうしょうぐう)**が代表的なもので，非常に絢爛(けんらん)豪華(ごうか)な建築でした。

一方で，書院造の茶室風の建築も好まれます。これを**数寄屋造(すきやづくり)**といいます。代表的なものに，**桂離宮(かつらりきゅう)**や**修学院離宮(しゅがくいんりきゅう)**があります。

建築については，寛永文化までです。なぜか？　さっきもやりましたが，この頃には大名の統制が始まり巨大な建築ができなくなるんです。

また，化政文化の頃は華美(かび)や贅沢(ぜいたく)が禁止されていた時期でもありました。そんな時期にお金をかけて絢爛豪華な建築をする人なんていませんよね。だから，寛永文化以降に目立った新しい建築様式は出てこなくなるわけです。これにより，日本の建築技術の進歩は一時的に停滞してしまったといえるかもしれません。

表 A-2

ちょきん!

	建築
桃山文化	①城郭建築：本丸，郭，居館 ⑴安土城 ⑵大坂城 ⑶伏見城 ⑷姫路城（白鷺城） ②茶室 千利休：妙喜庵茶室（待庵）
寛永文化	①権現造 日光東照宮：徳川家康を祀る ②数寄屋造 ⑴桂離宮 ⑵修学院離宮
元禄文化	
宝暦・天明期の文化	
化政文化	

表 A おわり

＊**権現造**…神社の本殿建築様式の１つ。本殿と拝殿を石の間でつなぎ，一連の建物としたもの。平安時代に始まり，近世に興隆した。日光や久能山の東照宮が代表例。徳川家康(とくがわいえやす)の諡号(しごう)「東照大権現」が語源ともいわれる。

近世の工芸はどうなるの？

表B-1

では，第1部につづいて，近世の美術文化をみていきましょう。

まずは，工芸です。桃山文化では先ほど出てきた**透し彫**の欄間彫刻を押さえておけば大丈夫です（→ P.107）。

寛永文化になると，**本阿弥光悦**（ほんあみこうえつ）という人物が登場します。彼は非常に多才な芸術家で，京都の鷹ヶ峰（たかがみね）に芸術村をつくるほどの人物です。彼の代表作には**舟橋蒔絵硯箱**（ふなはしまきえすずりばこ）があります。

また，今も残る**有田焼**（ありたやき），**薩摩焼**（さつまやき），**萩焼**（はぎやき）などの陶磁器*（とうじき）が生産されるようになります。有田焼の**酒井田柿右衛門**（さかいだかきえもん）が**赤絵**（あかえ）の技法を完成させたのもこの頃です。赤絵具をベースにした陶磁器をつくるのです。

元禄文化になると，絵画でも登場した**尾形光琳**が登場します。彼の代表作は，**八橋蒔絵螺鈿硯箱**（やつはしまきえらでんすずりばこ）です。本阿弥光悦の舟橋蒔絵硯箱と混同しないようにしてください。他に**京焼**（きょうやき）の**野々村仁清**（ののむらにんせい）が有田焼の酒井田柿右衛門と混同しやすいので，注意しましょう。

表B-1

	工芸
桃山文化	欄間彫刻：透し彫
寛永文化	①本阿弥光悦 舟橋蒔絵硯箱 ②陶磁器：有田焼，薩摩焼，萩焼 ③赤絵：酒井田柿右衛門
元禄文化	①尾形光琳 八橋蒔絵螺鈿硯箱 ②京焼：野々村仁清
宝暦・天明期の文化	
化政文化	

…表B-2につづく

ちょきん！

＊**陶磁器**…朝鮮から渡来した李参平（りさんぺい）が創始した有田焼，朝鮮侵略の際に島津氏が朝鮮から連れ帰った陶工によってつくられた薩摩焼，同じく毛利氏が連れ帰った陶工によって始められた萩焼などがある。

文芸

桃山文化
天草版

寛永文化
貞門俳諧

元禄文化
談林俳諧，蕉風俳諧

宝暦・天明期の文化
川柳，狂歌

文芸は？

表B-2

つづいては，文芸の分野です。

桃山文化では，西洋から活版印刷技術がもたらされ，キリスト教の出版物を中心に印刷が行われます。この印刷物を**天草版**またはキリシタン版といいます。天草版には，『平家物語』やイソップ物語を取り入れた**『伊曽保物語』**などがあります。

寛永文化になると，仮名草子がうまれてきます。仮名草子とは，室町時代からつくられた短編物語の御伽草子の延長として，かな，またはかなまじりの文体で書かれた作品のことです。

俳諧が登場するのも，この頃です。連歌（→ P.86）の上の句が独立したもので，当初は庶民の娯楽という色彩が強いものでした。**松永貞徳**の**貞門俳諧**といった初期の俳諧は，滑稽さを求めた俳諧でした。

元禄文化では，**西山宗因**の**談林俳諧**が登場したほか，＊**松尾芭蕉**が幽玄閑寂の俳諧である**蕉風（正風）俳諧**を確立させます。芭蕉は俳諧を芸術の域に高め，紀行文では有名な**『奥の細道』**を残しました。このあと文学で登場する＊**井原西鶴**も，もとは俳諧で名をはせた人物です。

宝暦・天明期の文化になると先ほど文人画のところで登場した**蕪村**が，

＊**松尾芭蕉**…江戸時代前期の俳人。京都で北村季吟に師事し，のちに寂，細み，軽みを重んじ閑寂の境地を求める蕉風（正風）俳諧を確立。各地を旅し，多くの発句や『奥の細道』，『野ざらし紀行』，『笈の小文』などの紀行文を残した。

化政文化になると『**おらが春**』で有名な**小林一茶**が登場します。

また，芸術の域にまで達した俳諧にかわって，宝暦・天明期の文化では**川柳**や**狂歌**がうまれます。川柳は俳句から季語を除いたもので，**柄井川柳**らを撰者とする『**誹風柳多留**』が有名です。狂歌は，和歌と同じ音数で，世相を皮肉ったり風刺したりしたものが多いです。代表的な人物に**大田南畝**（蜀山人）や**石川雅望**（宿屋飯盛）がいます。

元禄～化政文化の文学

さて，元禄文化の文学に戻ります。元禄文化では，俳諧のところで出てきた**井原西鶴**が**浮世草子**と呼ばれるジャンルの小説を書きます。浮世草子は，寛永文化の頃に出てきた仮名草子を発展させたものです。西鶴は大坂の町人出身で，現実の世相や風俗を背景に上方の人たちが世の中を生き抜く様子を描いていきます。

西鶴の作品には**好色物**，**武家物**，**町人物**があり，好色物の代表作には『**好色一代男**』や『**好色五人女**』，武家物の代表作には『**武道伝来記**』，町人物の代表作には『**日本永代蔵**』や『**世間胸算用**』があります。

井原西鶴の作品

1. 好色物：『好色一代男』，『好色五人女』
2. 武家物：『武道伝来記』
3. 町人物：『日本永代蔵』，『世間胸算用』

＊**井原西鶴**…江戸時代前期の浮世草子作者。談林俳諧を学び俳諧師として活躍したのち『好色一代男』を刊行，仮名草子を発展させて浮世草子を創作した。武士や町人の生活を描写し，のちの文学に大きな影響を与えた。

元禄文化の文学
浮世草子
井原西鶴

宝暦・天明期の文化の文学
洒落本
山東京伝
黄表紙
恋川春町

化政文化の文学
滑稽本
十返舎一九，式亭三馬
合巻
柳亭種彦
人情本
為永春水
読本
上田秋成，曲亭馬琴

宝暦・天明期の文化になると様々な文学がうまれます。まず登場するのが江戸の遊里を描いた**洒落本**です。**山東京伝**の『**仕懸文庫**』が代表作です。しかし，山東京伝は寛政の改革で風俗を乱すという理由で，処罰を受けます。同じく，寛政の改革で弾圧されるのが**黄表紙**です。風刺のきいた絵入りの物語で，**恋川春町**の『**金々先生栄花夢**』が代表作です。

化政文化では，寛政の改革をきっかけに弾圧された洒落本と黄表紙にかわって**滑稽本**が登場しました。滑稽さや笑いをもとに庶民の生活を描いたもので，代表作には**十返舎一九**の『**東海道中膝栗毛**』や，**式亭三馬**の『**浮世風呂**』などがあります。

また，数冊の黄表紙をとじ合わせた**合巻**も登場します。**柳亭種彦**の『**偐紫田舎源氏**』が代表的な作品です。これは大奥を風刺したもので，風刺が特徴の黄表紙の流れを受けたものといえます。しかし，この作品は大奥を風刺したため，天保の改革で弾圧されてしまいます。

合巻に遅れて登場するのが，**人情本**です。これは恋愛を扱ったもので，**為永春水**の『**春色梅児誉美**』が代表作です。恋愛もので風紀を乱す内容が多かったため，こちらも天保の改革で弾圧されてしまいます。

最後に**読本**を紹介しておきます。これは歴史や伝説を題材にしたもので，物語性の非常に強い作品です。今でも歌舞伎などで上演されます。宝暦・天明期に書かれた大坂の*__上田秋成__による『**雨月物語**』にはじまり，化政期には江戸の**曲亭馬琴**による『**南総里見八犬伝**』などが人気となりました。

＊**上田秋成**…国学者，読本作家。大坂の商家に養子として入り，賀茂真淵の門人に師事して国学を学ぶ。俳諧や浮世草子も得意で，一時期は医者もしていた。『雨月物語』はその頃の作。のちに同門の本居宣長と国学をめぐり論争を繰り広げた。

表B-2

	文芸
桃山文化	天草版 (1)『平家物語』 (2)『伊曽保物語』
寛永文化	①仮名草子 ②俳諧 貞門俳諧：松永貞徳
元禄文化	①浮世草子：井原西鶴 『好色一代男』,『武道伝来記』,『日本永代蔵』 ②俳諧 (1)談林俳諧：西山宗因 (2)蕉風(正風)俳諧：松尾芭蕉
宝暦・天明期の文化	①文学 (1)洒落本 (2)黄表紙 ②俳諧：蕪村 ③川柳，狂歌
化政文化	①文学 (1)滑稽本 (2)合巻 (3)人情本 (4)読本 ②俳諧：小林一茶

表B-3 につづく

近世の芸能は？

表B-3

最後は芸能です。桃山文化では，琉球(りゅうきゅう)から渡来した蛇皮線(じゃびせん)(三線(さんしん))をもとにした**三味線**(しゃみせん)がうまれます。三味線は朝鮮や中国ではなく琉球から伝来したという点が間違えやすいところです。注意してください。また，**高三隆達**(たかさぶりゅうたつ)の**隆達節**(りゅうたつぶし)という流行歌も桃山文化のときに現れました。

歌舞伎の登場と人形浄瑠璃

桃山文化の頃に**歌舞伎**＊が始まります。歌舞伎の創始者は**出雲阿国**(いずものおくに)とい

＊**歌舞伎**…近世初期に発生し，江戸時代の文化によって興隆した日本固有の演劇。はじめは舞踏が中心だったが，やがて演劇が中心となる。男優が女優のかわりに女役を演じる女形(おやま)の発達をもたらした。江戸時代後期に全盛を迎える。

歌舞伎

桃山文化
阿国歌舞伎

元禄文化
市川団十郎，坂田藤十郎

化政文化
鶴屋南北，河竹黙阿弥

う女性です。彼女の始めた歌舞伎を**阿国歌舞伎**といいます。阿国歌舞伎は，**女歌舞伎**に発展していきます。しかし，女歌舞伎は，風俗を乱すという理由で禁止されてしまいます。この女歌舞伎につづいて登場するのが，元服する前の少年たちが演じる**若衆歌舞伎**です。しかし若衆歌舞伎も禁止されて，若衆以外の男性だけで行う**野郎歌舞伎**になっていくわけです。

野郎歌舞伎は，元禄文化になって花開きます。その背景には人気役者の存在があります。江戸では**荒事**といって荒々しい芝居で人気を博した**市川団十郎**が，上方では美男子の恋愛模様を演じる**和事**の名手である**坂田藤十郎**と，女性を演じる女形の**芳沢あやめ**が登場します。

人形浄瑠璃

元禄文化
近松門左衛門，竹本義太夫

宝暦・天明期の文化
竹田出雲(二世)，近松半二

元禄文化では**人形浄瑠璃**もさかんになります。その担い手となったのは，**近松門左衛門***，**辰松八郎兵衛**，**竹本義太夫**でした。

近松門左衛門は，脚本家で，人形浄瑠璃の面白い脚本をたくさん残しています。当時の世相を題材にした**世話物**や，歴史的な事柄を扱った**時代物**と呼ばれる作品があります。世話物の代表作が**『曽根崎心中』**，**『冥途の飛脚』**，時代物の代表作が**『国性(姓)爺合戦』**です。いずれも，現在でも人気の演目として上演されるほど完成度の高い作品です。辰松八郎兵衛は人形遣いで，竹本義太夫は人形浄瑠璃の伴奏にあたる**義太夫**

＊**近松門左衛門**…江戸時代中期の浄瑠璃·歌舞伎作者。歌舞伎俳優の坂田藤十郎や，人形浄瑠璃の竹本義太夫に作品を提供した。これらの作品は時代物・世話物におおまかに分類され，義理と人情の葛藤を通して人間をみつめる名作が多い。

節で有名な人物です。

宝暦・天明期の頃には，人形浄瑠璃では，*『**仮名手本忠臣蔵**』の**竹田出雲**(二世)，『**本朝廿四孝**』の**近松半二**といった優秀な脚本家が登場しました。

化政文化になると，歌舞伎にも優れた脚本家が登場します。『**東海道四谷怪談**』の**鶴屋南北**と，**白浪物**で知られる**河竹黙阿弥**などが有名です。河竹黙阿弥は幕末から明治初期にかけて活躍しました。現在，優れた脚本家のことを「現代の黙阿弥」と呼ぶほど，評価されている人物です。

つづく第6章では，江戸時代の学問についてみていきます。第5章とあわせて江戸時代の文化のポイントを押さえてくださいね。

表B-3

ちょきん!

	芸能
桃山文化	①阿国歌舞伎：出雲阿国 ②三味線：琉球から渡来 ③隆達節：高三隆達
寛永文化	
元禄文化	①歌舞伎 (1)市川団十郎：江戸・荒事 (2)坂田藤十郎：上方・和事 (3)芳沢あやめ：上方・女形 ②人形浄瑠璃 (1)近松門左衛門『曽根崎心中』 (2)竹本義太夫：義太夫節
宝暦・天明期の文化	人形浄瑠璃 (1)竹田出雲(二世)『仮名手本忠臣蔵』 (2)近松半二『本朝廿四孝』
化政文化	歌舞伎 (1)鶴屋南北『東海道四谷怪談』 (2)河竹黙阿弥：白浪物

表Bおわり

*『**仮名手本忠臣蔵**』…浄瑠璃・歌舞伎の代表的な脚本。竹田出雲(二世)，並木千柳らの合作。忠臣蔵は，赤穂浪士47名が主君の仇である吉良義央へあだ討ちをした事件を題材にした物語の総称だが，『仮名手本忠臣蔵』の略称にも用いる。

第5章 これをチェック！ 桃山文化と江戸時代の文化

※❶＝桃山文化，❷＝寛永文化，❸＝元禄文化，❹＝宝暦・天明期の文化，❺＝化政文化

絵画・工芸

❶
(狩野派)が中心：非常に派手な(濃絵)という手法を用いる
(狩野派)がブームに なぜ？ ➡ 戦国大名に気に入られたから
(狩野永徳)作：『唐獅子図屏風』

❷
(狩野派)ブームが少しずつ衰えていく なぜ？ ➡ 大名統制が始まったから
(俵屋宗達)の登場：(大和絵)の手法を用いる ➡ 『風神雷神図屏風』
(本阿弥光悦)作：(舟橋)蒔絵硯箱

❸
(尾形光琳)の登場：(琳)派。(俵屋宗達)の画風を受け継ぐ
➡ 『(紅白梅図)屏風』，『燕子花図屏風』
工芸では(八橋蒔絵螺鈿)硯箱
(浮世絵)の登場：『見返り美人図』(菱川師宣)作

❹
(浮世絵)がさかんに なぜ？ ➡ (鈴木春信)によって多色刷りの(錦絵)が出てきたから

❺
(葛飾北斎)作：『(富嶽)三十六景』
歌川(安藤)広重)作：『(東海道)五十三次』

文芸・芸能

❶ (歌舞伎)の誕生……創始者(出雲阿国)
❷ (俳諧)が登場……(松永貞徳)の貞門(俳諧)
❸ 西山宗因が(談林俳諧)を創始
(松尾芭蕉)が幽玄閑寂の(蕉風(正風)俳諧)を確立
(人形浄瑠璃)がさかんに……(近松門左衛門)の『曽根崎心中』など
(井原西鶴)が浮世草子を書く
❹ 様々な文学が誕生……(洒落本)，(黄表紙)
❺ 様々な文学が誕生……(滑稽本)，(合巻)，(人情本)，(読本)

さあ，最後に，第5章全体の表(P96～97)に戻ってください。最初はただの表だった。でも今なら，1つ1つの言葉の意味と表全体の流れが，はっきりみえると思いますよ！

1603

江戸時代の学問の発達

1868

1603 〜 1868

メイン講義

第１部　江戸時代の儒学
第２部　江戸時代の諸学問

テーマ講義

湯島聖堂
日本の暦

こんにちは，日本史の金谷です。金谷俊一郎です。

今回は，この文化史の中でも最大の難関ともいえる，近世の学問についてです。近世は学問が発達し，たくさんの学者が登場します。混同しやすい内容ですが，がんばって覚えていきましょう。

▼ 第6章　早わかり講義 ▼

Track	内容
11	第１部　江戸時代の儒学
12	第２部　江戸時代の諸学問

URL ▶ https://www.toshin.com/tb_audio/xerp/　PW ▶ Tb852Bk

第6章ってどんなカンジ？

第6章ではいろんな人が出てきますが，１つ１つ整理してちゃんとお話しします。授業の途中にはさみで切り取られた表がまとめとして出てきます。この表はあとで頭の整理に使ってくださいね。

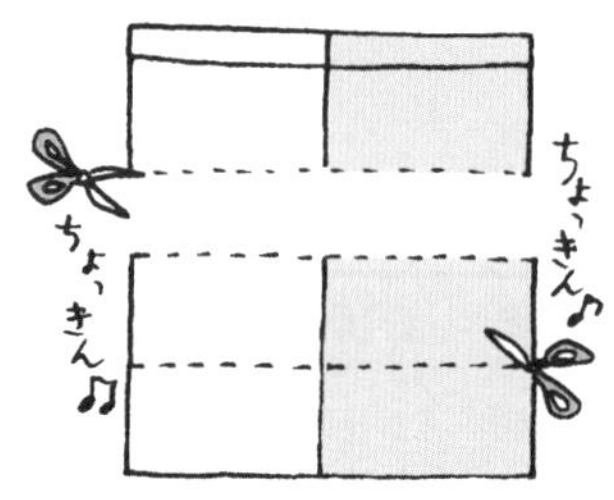

表A　江戸時代の儒学

P130

	将軍	朱子学派		朱子学以外の儒学	
		京学	南学	陽明学派	古学派
江戸時代前期	初代家康	①藤原惺窩 ②林羅山	①谷時中		
	３代家光	③林鵞峰『本朝通鑑』	②野中兼山 ③山崎闇斎：垂加神道	①中江藤樹 ②熊沢蕃山『大学或問』	
	４代家綱				◆聖学 山鹿素行『聖教要録』 ◆堀川学派（京都） ①伊藤仁斎：古義堂
元禄期	５代綱吉	④木下順庵 ⑤林鳳岡（信篤）：大学頭			②伊藤東涯 ◆古文辞学派 ①荻生徂徠 (1)『政談』 (2)蘐園塾
正徳の政治	６代家宣	⑥新井白石：家宣，家継の侍講			
	７代家継				
享保の改革	８代吉宗	⑦室鳩巣：吉宗の侍講			②太宰春台『経済録』
文化・文政時代	11代家斉	⑧寛政の三博士 (1)柴野栗山 (2)尾藤二洲 (3)岡田寒泉 →古賀精里			

表B 諸学問の発展

		元禄文化	宝暦・天明期の文化	化政文化
1 P137	自然科学	◆本草学 ①貝原益軒 『大和本草』 ②稲生若水 『庶物類纂』 ◆和算 ①吉田光由 『塵劫記』 ②関孝和 『発微算法』	①西川如見 『華夷通商考』 ②山脇東洋 『蔵志』 ◆蘭学 ①青木昆陽, 野呂元丈：オランダ語を学ぶ ②前野良沢 『解体新書』 ③杉田玄白 『解体新書』, 『蘭学事始』 ④大槻玄沢 『蘭学階梯』, 芝蘭堂 ⑤稲村三伯 『ハルマ和解』	①志筑忠雄 『暦象新書』 ②伊能忠敬 『大日本沿海輿地全図』
	天文学	渋川春海：貞享暦, 天文方		高橋至時：寛政暦, 天文方 高橋景保：蛮書和解御用
2 P140	国学	①契沖 『万葉代匠記』 ②北村季吟： 歌学方	①荷田春満 ②賀茂真淵 『国意考』 ③本居宣長 『古事記伝』 ④塙保己一：和学講談所	平田篤胤：復古神道

第6章 時代はここ！

世紀	時代（中国）	時代（日本）	文化	将軍	主な出来事
	明	江戸	寛永文化	家康	1603年 徳川家康，征夷大将軍に
	清			家光	1639年 ポルトガル船の来航禁止（鎖国状態に）
17			元禄文化	綱吉	木下順庵，徳川綱吉の侍講に 渋川春海（安井算哲），天文方に任命
					1685年 生類憐みの令（～1709年）
					北村季吟，歌学方に任命 林鳳岡（信篤），大学頭に任命
				家宣，家継	正徳の政治 新井白石，徳川家宣および徳川家継の侍講に
				吉宗	享保の改革 室鳩巣と荻生徂徠が，徳川吉宗の侍講に 青木昆陽と野呂元丈，オランダ語を学ぶ
18			宝暦・天明期の文化	家重	田沼意次の政治 1758年 宝暦事件（竹内式部が尊王論を説く）
				家治	1767年 明和事件（山県大弐が尊王論を説く）
				家斉	寛政の改革（老中：松平定信） 1790年 寛政異学の禁（寛政の三博士が中心）
			化政文化		1828年 シーボルト事件（高橋景保が処罰される）
19				家慶	天保の改革（老中：水野忠邦）

第1部　江戸時代の儒学

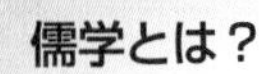

表A

まずは，江戸時代の学問の中心である**儒学**からみてみましょう。

儒学は，**孔子**に始まる中国古来の政治や道徳に関する学問です。日本では，室町時代に禅宗の僧が学んでいた**朱子学***を中心に儒学がさかんになりました。朱子学は大義名分論を基礎としています。大義名分論は簡単にいうと，君子と臣下の身分の上下をわきまえて秩序や礼儀を大事にしましょう，ということです。

日本における儒学は，大きく分けると以下のようになります。

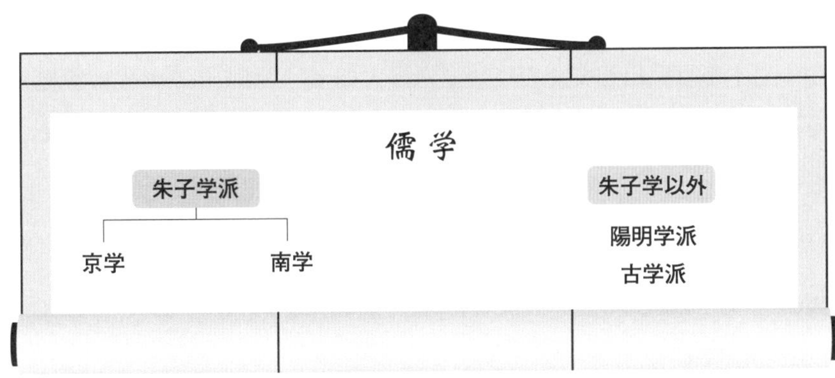

朱子学はさらに，**京学**と**南学**の２つに分かれます。儒学の中でも朱子学は上下の身分秩序を重んじる学問であったため，江戸幕府に大事にされました。幕府は，支配体制を維持するために必要な学問だと考えたのです。

それでは，まずは朱子学の１つである京学からみていきます。

＊**朱子学**…12世紀に中国・南宋の朱熹が大成した儒学の１つ。人格や学問の完成のため，実践的な道徳を唱えた教えが特徴。中国では明代や清代を通じて儒教の正統解釈として君臨した。

江戸時代の儒学

朱子学派
京学，南学

朱子学以外
陽明学派，古学派

林家の系譜を押さえよう

京学の祖は，**藤原惺窩**という人物です。京都の相国寺の禅僧でしたが，朱子学の啓蒙のために還俗しました。学問を広めるためにお坊さんをやめちゃうんです。やめて「藤原」という名字がつきました。

この藤原惺窩の門人が**林羅山**(道春)です。林羅山は初代将軍徳川家康に用いられました。これをきっかけに林羅山の子孫は，代々儒者として幕府に仕えることになります。林羅山の子が**林鵞峰**(春斎)です。林羅山と林鵞峰で押さえてほしいのは，２人で編さんした**『本朝通鑑』**という本です。「通鑑」の「鑑」の字，これは「鏡」のことです。「鏡」のつく本を思い出してください。そう，四鏡，つまりこの本は歴史書なんです。支配者が天下を取ると，たいてい歴史の本をつくらせます。なぜか？　それは支配者が自らの支配の正当性を主張するためです。江戸幕府が日本を支配することは正しいのだということを主張するために，『本朝通鑑』を編さんさせるのです。

京学(林家)

藤原惺窩
京学の祖

林羅山
家康に仕える

林鵞峰
『本朝通鑑』
林羅山と編さん

林鵞峰の子が**林鳳岡**(**信篤**)です。林鳳岡は，５代将軍徳川綱吉のもとで，**大学頭***となりました。大学頭の名称は，古代の律令制における大学寮長官にちなんでいます。つまり大学のトップということですね(→ P.27)。でも，大学寮自体は平安時代にしだいに地位が失われ，1177年に焼失して以降復興されませんでした。また，これまで上野の忍ケ岡にあった林家(林羅山の子孫)の家塾も，新しく建てられた**湯島聖堂**の

林鳳岡
大学頭

＊**大学頭**…江戸幕府の官名の１つ。林鳳岡が大学頭に任じられてから，代々林家の当主に世襲的に与えられた。本来，幕府の儒者は僧位とされ僧侶の恰好をしていたが，大学頭になることで，剃髪(頭を丸めること)が中止となった。

側に移されました。以後，林家が中心となって幕府の教育政策を進めます。

テーマ1 湯島聖堂

皆さんにとって湯島聖堂は，近くにある湯島天満宮と並んで，「合格祈願の場所」という印象が強いかもしれません。

もともとは，綱吉によって，上野にあった林家の家塾**弘文館**の孔子廟が移築されたものです。これにともなって，弘文館も移され聖堂学問所として整備されました。

その後，1790年に老中松平定信によって出された**寛政異学の禁**によって朱子学を重視する流れになると，しだいに施設や制度が整備されるようになります。そして1797年には林家の家塾を切り離して，幕府直轄の**昌平坂学問所**となったのです。

林家以外の京学の儒者は？

京学の中で林家を中心にみてきました。今度は別の京学の儒者をみていきましょう。

藤原惺窩の門人は，林羅山の他に**松永尺五**という人物がいます。この

＊**木下順庵**…加賀藩主に仕え，のち５代将軍徳川綱吉の侍講となる。教育者として，新井白石や室鳩巣など「木門十哲」と呼ばれる人材を輩出。甲府時代の徳川家宣（当時の名は徳川綱豊）に新井白石を推薦したのも彼である。

京学（林家以外）
松永尺五
藤原惺窩の門人
木下順庵
綱吉に仕える
新井白石
家宣，家継の侍講に
室鳩巣
吉宗の侍講に
寛政の三博士
寛政異学の禁

松永尺五の門人に＊**木下順庵**という人物がいました。ここまででわかるように，幕府はこれまで林羅山の子孫ばかりを登用しつづけてきましたよね。でも，木下順庵が綱吉に仕えて以降，彼の門人が活躍します。木下順庵の門人で主な人物は，**新井白石**と＊**室鳩巣**の２人です。

新井白石は，**６代将軍徳川家宣**，**７代将軍徳川家継の侍講**となり，**正徳の政治**の中心となって活躍した人物です。侍講とは，将軍に学問を教える人のことです。今でいう家庭教師ですね。とにかくいろんな著書を残しています。１つずつ押さえていきましょう。

まずは**『読史余論』**です。将軍に歴史論を講じるために用いられました。『本朝通鑑』とは違い，歴史書ではなく歴史論の本であることに注意しましょう。

次に，**『古史通』**。『日本書紀』の注釈書です。『古事記』の注釈ではありませんから，気をつけてくださいね。それから，大名家の系譜である**『藩翰譜』**，自叙伝の**『折たく柴の記』**なども著しています。

また，1708年に屋久島で捕らえられたイタリア人宣教師**シドッチ**を訊問した際の記録として，**『采覧異言』**や**『西洋紀聞』**があります。これだけの著書を押さえなければいけないのは，新井白石だけです。ここだけ，少しがんばってくださいね。

＊**室鳩巣**…医者の子として江戸に生まれる。加賀藩主に仕え，藩の命令で京都へ遊学，木下順庵に学んだ。新井白石の推薦を受け，８代将軍徳川吉宗の侍講となる。吉宗から信任を得て『六諭衍義大意』を著した。

新井白石の著書

1 『読史余論』―――― 歴史論
2 『古史通』―――― 『日本書紀』の注釈
3 『藩翰譜』―――― 大名家の系譜
4 『折たく柴の記』―――― 自叙伝
5 『采覧異言』,『西洋紀聞』― シドッチ訊問の記録

8代将軍徳川吉宗(とくがわよしむね)の頃になると,**室鳩巣**が侍講となります。

その後,朱子学は少し下火になります。なぜか? 吉宗より前は朱子学が大事にされ,それ以外の学問が重んじられることはなかったのですが,吉宗の時代以降に**古文辞学派**(こぶんじがくは)という別の学問が重用されるようになったからです。古文辞学派についてはあとでお話ししますね。

下火になった朱子学は,11代将軍徳川家斉(とくがわいえなり)の時代になると再び脚光を浴びます。そのきっかけが,1790年の**寛政異学の禁***です。家斉のもとで行われた寛政(かんせい)の改革(かいかく)の際,**寛政の三博士**(さんはかせ)と呼ばれる人物を中心に,朱子学が正学(せいがく)とされました。これによって,朱子学以外の儒学を異学とし幕府の学問所で講義することが禁止されたのです。

寛政の三博士とは,**柴野栗山**(しばのりつざん),**尾藤二洲**(びとうじしゅう),**岡田寒泉**(おかだかんせん)のことです。岡田寒泉はのちに代官になり,かわって古賀精里(こがせいり)が任ぜられました。

第6章

＊**寛政異学の禁**…1790年に松平定信が聖堂学問所で朱子学以外を教えることを禁じたもの。背景には,柴野栗山ら異学の禁政策推進派の動きがみられる。幕府に朱子学に思想統一しようとする意図はなかったものの,諸藩にも影響が及んだ。

南学

南村梅軒
開祖といわれる

谷時中
南学を継承

野中兼山
土佐藩家老

山崎闇斎
垂加神道

陽明学派

中江藤樹
開祖

熊沢蕃山
『大学或問』

南学はどういうものなの？

次は，**南学**についてです。朱子学には，今まで説明した京学以外に南学がありましたね。

南学の祖は，**南村梅軒**（みなみむらばいけん）といわれています。戦国時代の儒者とされていますが，実在した人物かどうかは不明です。時代が下って江戸時代になると，**谷時中**（たにじちゅう）という人物が南学を継承します。

谷時中の門人には**野中兼山**（のなかけんざん）がいます。南学は**土佐でおこった学問**なので，２人は土佐出身です。時中，野中，「中中」はいずれも土佐の人物と覚えておきましょう。野中兼山は土佐藩の家老で，新田開発などの藩政改革を推進しました。

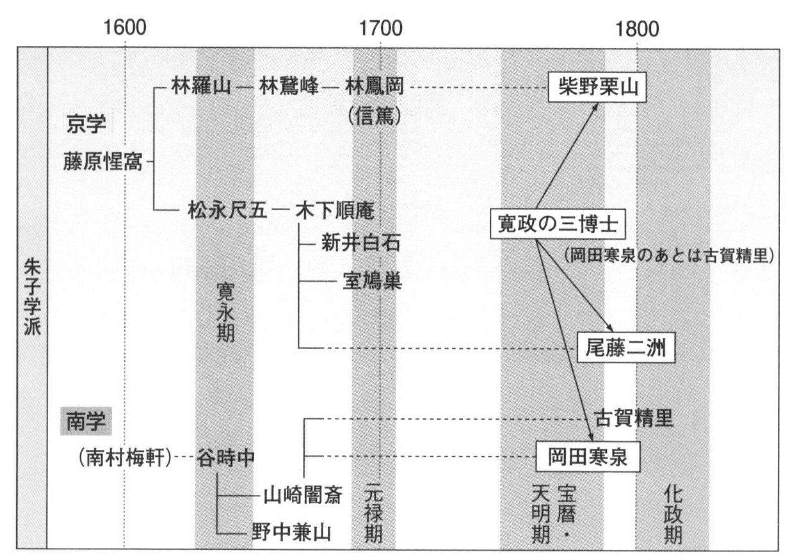

＊**山崎闇斎**…はじめ比叡山の小僧となったのち土佐の寺へ移される。そこで谷時中や野中兼山と交わり，還俗して朱子学の立場を取った。後年，神道を吉川惟足（よしかわこれたり）に学び，垂加神道を始めた。著書『文会筆録』は 20 巻に及ぶ彼の読書記録。

他にも谷時中に学んだ人物に＊**山崎闇斎**がいます。山崎闇斎は，神道を儒教流に解釈した**垂加神道**を説きました。垂加神道とは，神道に儒学の要素をつけ加えたものです。神道と儒学はまったく別のものですよね。なぜ別々のものをくっつけたのか？　神道に儒学のいいところを加えて，もっといいものにしようと考えたからです。神道に儒学を「加えた」，だから垂加神道と覚えてください。なお，山崎闇斎の創始した学問は**崎門学**といいます。

朱子学以外の儒学は？

つづいて，朱子学以外の儒学です。

まずは，**陽明学**から。陽明学は明の王陽明が始めた学問です。日本での陽明学は，近江聖人と呼ばれる**中江藤樹**が始めました。陽明学は，**知行合一**を根本としたため現実批判の精神を持っています。このあたり詳しく説明していきましょう。知行合一とは「知る」と「行う」を一致させることで，つまりは知ったことを行動に活かすという意味です。だから，知ったことに矛盾があるとそれを是正しようとします。たとえ幕府であっても，その政治に矛盾があれば改めていかなければいけないという考えなのです。幕府のやり方に反発するわけですから，当然，幕府は気に入らない。

＊**熊沢蕃山**…岡山藩主池田光政に仕えるも，いったん辞して中江藤樹に学び，再び岡山藩に戻る。光政の信を受け，藩学の基礎となった花畠教場を開く。飢饉時に民を救うなど活躍するが中傷を受け隠居。のち『大学或問』で処罰された。

古学派

聖学
山鹿素行

堀川学派
伊藤仁斎，伊藤東涯

古文辞学派
荻生徂徠，太宰春台

経世論

中江藤樹の門人であった*熊沢蕃山も，著書『**大学或問**』で幕政を批判したために処罰されました。

古学派の登場！

朱子学は宋の時代，陽明学は明の時代に始まった学問でしたが，そもそも本来の儒学はそれよりも 1000 年以上前の紀元前にうまれたものです。そこで，儒学が始まった当初の孔子や孟子の教えに直接立ち返ろうという儒学が登場します。これを**古学派**といいます。

古学派で最初に登場するのは，**聖学**を唱えた***山鹿素行**です。山鹿素行は，『**聖教要録**』で朱子学を批判したため，幕府によって赤穂(現兵庫県)に流されてしまいました。

つづいて登場する古学派は，京都でうまれた**堀川学派**です。堀川学派は，京都の**伊藤仁斎**が開き，**伊藤東涯**が大成させたものです。彼らは私塾である**古義堂**を中心に活動しました。堀川学派は陽明学や聖学と違って弾圧されることがありません。なぜか？　単純に京都でうまれた学派だからです。物理的に江戸から遠いので，弾圧されることがないかわりに，幕府に大きな影響も与えませんでした。

けれども，8代将軍徳川吉宗の時代になると，ちょっと様子がかわります。朱子学以外で幕府に重用される学派が出てくるのです。それが先

＊**山鹿素行**…林羅山に学んだのち，甲州流の北条氏長に入門し兵学をおさめた。さらに和歌や歌学，神道も学ぶ。赤穂藩に仕えたが，のちに辞して江戸で教育と学問に専念した。赤穂に流されたのち，江戸に戻る。兵学者としても有名。

ほどもお話しした**古文辞学派**です。

古文辞学派を開いたのは，**荻生徂徠**です。**蘐園塾**という私塾を江戸に開き，武士の土着を説いた**『政談』**を著しました。武士は農村に土着して，農民を監督し指導するべきであるというものです。この考え方を吉宗が気に入ります。吉宗は「米公方」とも呼ばれていますが，新田開発を進めて米の増産を奨励するなど，農業生産の向上に取り組んだ将軍でした。何とか年貢収入を上げたい吉宗にとって，荻生徂徠の考え方がピピっときたのです。そして，荻生徂徠は朱子学以外の儒者でありながら，吉宗の改革を支えました。

また，荻生徂徠の弟子である＊**太宰春台**は，武士も商売をやるべきだと説きます。専売制度によって利益をあげるべきだと主張し，**『経済録』**を著しました。ちなみに，太宰春台の「太」は，大宰府の「大」とは違います。太宰治の「太」ですね。ここは注意しておきましょう。

	1600	寛永期	1700 元禄期	宝暦・天明期	1800 化政期
陽明学派	中江藤樹 ─ 熊沢蕃山				
古学派	聖学　山鹿素行 堀川学派　伊藤仁斎 ─ 伊藤東涯 ─ 青木昆陽 古文辞学派　荻生徂徠 ─ 太宰春台				

＊**太宰春台**…江戸時代中期に活躍した儒学者。荻生徂徠に学び，特に経済学の分野を研究した。のちに，経世論(政治や行政によって世の中をおさめ，人々を救うために考えられた思想)の発展に大きな影響を及ぼした。

本草学

貝原益軒『大和本草』

稲生若水『庶物類纂』

表A

	将軍	朱子学派		朱子学以外の儒学	
		京学	南学	陽明学派	古学派
江戸時代前期	初代家康	①藤原惺窩 ②林羅山	①谷時中		
	3代家光	③林鵞峰『本朝通鑑』	②野中兼山 ③山崎闇斎：垂加神道	①中江藤樹 ②熊沢蕃山『大学或問』	
	4代家綱				◆聖学 山鹿素行『聖教要録』 ◆堀川学派（京都） ①伊藤仁斎：古義堂
元禄期	5代綱吉	④木下順庵 ⑤林鳳岡（信篤）：大学頭			②伊藤東涯 ◆古文辞学派 ①荻生徂徠 (1)『政談』 (2)蘐園塾
正徳の政治	6代家宣	⑥新井白石：家宣，家継の侍講			
	7代家継				
享保の改革	8代吉宗	⑦室鳩巣：吉宗の侍講			②太宰春台『経済録』
文化・文政時代	11代家斉	⑧寛政の三博士 (1)柴野栗山 (2)尾藤二洲 (3)岡田寒泉→古賀精里			

表Aおわり

元禄期の学問は？

表 B-1

つづいては，自然科学や蘭学についてです。第1部では，儒学を朱子学とそれ以外の学派に分けて流れをみていきました。ここからは，元禄文化，宝暦・天明期の文化，化政文化に分けて整理していきましょう。

元禄文化の自然科学は，主なものに，**本草学**，**和算**，**天文学**の3つがあります。

本草学は，主に薬草を研究する学問です。いわゆる漢方を中心に研究します。本草学の代表的な研究者は**貝原益軒**と**稲生若水**の2人です。貝原益軒は『**大和本草**』を，稲生若水は『**庶物類纂**』を著しました。

なぜ，貝原益軒は『大和本草』を書いたのか？　この本のタイトルをみてください。大和というのは日本，つまり日本の薬草について述べた本です。本草学は漢方を研究するとお話ししましたよね。つまり中国の薬草です。では，なぜ中国ではなく日本の薬草なのかというと，中国の本草学の書物を取り寄せて研究しようとしても，中国に生えている薬草が日本にもあるとは限りません。そこで，日本にあるものだけを集めたんです。一方，稲生若水の『庶物類纂』は，様々な薬草について分類した本です。

＊**貝原益軒**…江戸時代前期に活躍した儒学者・本草学者。朱子学や薬学を学び，教育や歴史，経済と広い分野で業績を残した。『大和本草』を著し，日本の本草学の基礎を築く。著書『養生訓』は，江戸時代の代表的な健康法の指南書である。

和算

吉田光由

『塵劫記』

関孝和

『発微算法』

次に，**和算**です。和算は日本独自の数学のことです。測量や商売への必要性から発達しました。**吉田光由**(よしだみつよし)の著した**『塵劫記』**(じんこうき)は，和算の基礎を記した本で，この本が和算やそろばんの普及に大きな役割を果たしました。**『発微算法』**(はつびさんぽう)を著した**関孝和**(せきたかかず)は和算の大成者です。関孝和の円周率の計算などは鎖国(さこく)していたにもかかわらず世界のトップレベルでした。

天文学については，日本独自の暦(こよみ)である**貞享暦**(じょうきょうれき)をつくった**渋川春海**(しぶかわはるみ)(しゅんかい)(**安井算哲**(やすいさんてつ))を押さえておきましょう。彼は，５代将軍徳川綱吉のもとで幕府の**天文方**(てんもんかた)*となります。

テーマ２　日本の暦

なぜ，貞享暦はつくられたのでしょうか？

それまで，日本では**宣明暦**(せんみょうれき)という平安時代に中国から伝わった暦を使っていました。藤原良房(ふじわらのよしふさ)が摂政になる頃に伝わったものです。平安時代といえば，重要視されたのは儀式。何月何日は何をやって……というのが逐一決まっている。そこで，滞りなく儀式を行うために，正しい暦が必要だったのです。

今では，太陽の動きに合わせて暦が決められています(太陽暦)が，昔は月の満ち欠けをもとに暦が決められていました。これを**太陰暦**といいます。でも月の満ち欠けに合わせていくと，ドンドン暦と季節がずれていってしまいます。宣明暦は，太陰暦といっても太陽の周期も考慮した太陰太陽暦ですが，それでも誤差は生じてしまう。江戸幕府は，農民からの年貢を収入の柱としていた

＊**天文方**…江戸幕府の役職の１つ。天文観測や暦の編さんを担当した。江戸時代前期に活躍した暦学者の渋川春海が，平安時代以降使われていた宣明暦を改定した貞享暦をつくり，それ以降幕府に設置された役職。

ため，正確な暦をつくって農業生産に役立てることは非常に重要でした。そこで，貞享暦を新たにつくって暦をより正確にする必要があったんです。

ちなみに，「**十干十二支**（じっかんじゅうにし）」という言葉を聞いたことはありますか？　十二支だけであればわかりますよね。年賀状を書くときに，「干支（えと）は何だっけ？」と思い出すアレです。それでは十干は？「甲乙丙丁（こうおつへいてい）」という言葉なら聞いたことがあるかもしれません。「甲乙つけがたい」なんていったりしますよね。すなわち十干十二支とは，「甲乙丙丁……」と10個ある十干と，「子丑寅卯……」と12個ある十二支を組み合わせた年号を特定する方法です。60歳になるとお祝いする還暦は，十干十二支が一巡するのに60年かかるので，暦がもとに戻ったという意味なんです。昔は「今年は甲子（きのえね）だ」など，十干十二支で年号を表していました。

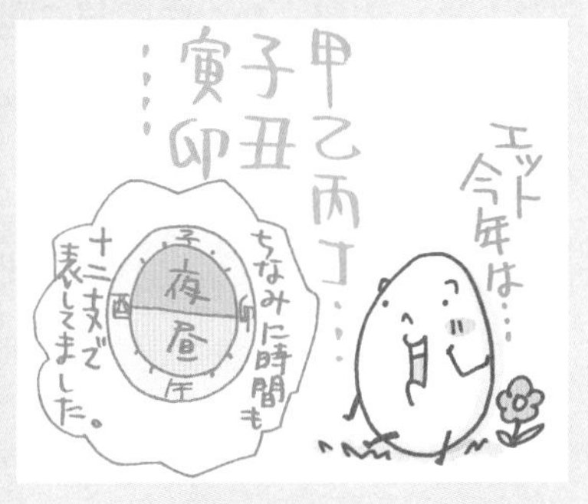

蘭学の発達

宝暦・天明期の文化になると，元禄文化とは異なり，西洋文化の影響が強くみられるようになります。

まず，世界の地理や物産，民族などを描いた**西川如見**（にしかわじょけん）*の『**華夷通商**（かいつうしょう）

＊**西川如見**…江戸時代中期の天文・地理学者。長崎の商家に生まれ，儒学や天文学を学ぶ。1695年刊行の『華夷通商考』は草稿だとし，1708年に『増補華夷通商考』として再版。1719年，徳川吉宗に招かれ天文学の質問に答えるなどした。

考』を押さえましょう。

他にも，**山脇東洋**が日本最初の人体解剖図録である『**蔵志**』を作成するなど，正確さを追求する動きも加速していきます。山脇東洋は，**古医方**という医学の流れを汲んでいます。これは，臨床実験を重視した漢の時代の医術に戻ろうとするものです。

つづいて，８代将軍徳川吉宗によって，**漢訳洋書の輸入制限が緩められると**，西洋の学問や知識の研究がさかんになります。ただし，これは何でもかんでも輸入してよい，というわけではありません。キリスト教に関係しない本で，かつ**中国語に翻訳された西洋の書物に限られていました**。なぜ中国語かというと，原書のままだと幕府の役人がチェックできないからです。

一方で，吉宗はヨーロッパの学問を吸収するため，**青木昆陽**や**野呂元丈**らにオランダ語を学ばせます。洋学は，**蘭学***として発展していきます。青木昆陽は，吉宗に登用され，甘藷，いわゆるサツマイモの普及を実現させた人物ですね。

さらに，1774 年には，**前野良沢**や**杉田玄白**らが，西洋医学の解剖書『ターヘル=アナトミア』を翻訳した『**解体新書**』を著します。実は『ターヘル=アナトミア』はオランダの本ですが，

諸学問（宝暦・天明期の文化）
西洋文化の影響　西川如見
古医方　山脇東洋
蘭学
オランダ語を学ぶ　青木昆陽，野呂元丈
蘭学を学ぶ　前野良沢，杉田玄白　『解体新書』
蘭学の指導者　大槻玄沢，稲村三伯
諸学問（化政文化）
西洋文化の影響　志筑忠雄
日本地図　伊能忠敬

＊**蘭学**…江戸時代中期以降に，オランダ語を通じて学ばれた学問。西洋の学術や文化を研究した。洋学と蘭学は同じ意味で用いられていたが，幕末にはイギリス・フランス・ドイツに関する分野も含めて洋学と呼ばれるようになった。

オランダ人が書いた本ではありません。ドイツ人によって書かれたものがオランダ語に翻訳されたのです。つまり，『解体新書』はドイツ語からオランダ語に翻訳されたものが，さらに日本語に翻訳されたものになります。他にも杉田玄白は，翻訳の際の苦労を『**蘭学事始**(らんがくことはじめ)』に残します。

一方，杉田玄白と前野良沢の弟子だった**大槻玄沢**(おおつきげんたく)は，蘭学塾である**芝蘭堂**(しらんどう)を開いたり，蘭学の入門書である『**蘭学階梯**(らんがくかいてい)』を著すなど蘭学の普及に貢献します。『蘭学階梯』は，一歩ずつ蘭学をやっていこうねという意味です。大槻玄沢の「玄沢」は，杉田玄白の「玄」と前野良沢の「沢」を合わせたと覚えてください。

また，大槻玄沢の門人である**稲村三伯**(いなむらさんぱく)は，オランダ語の辞書である＊『**ハルマ和解**(わげ)』を著します。

蘭学の流れ			
第0段階	西洋文化の影響がみられる段階	**西川如見** **新井白石**	『華夷通商考』 『采覧異言』，『西洋紀聞』
第1段階	オランダ語を学び始めた段階	**青木昆陽** **野呂元丈**	オランダ語書籍解読の先駆け
第2段階	蘭学を学び始めた段階	**前野良沢** **杉田玄白**	『解体新書』，『蘭学事始』（玄白）
第3段階	蘭学の指導者が出てくる段階	**大槻玄沢** **稲村三伯**	『蘭学階梯』 『ハルマ和解』

化政文化の頃になると，ニュートンの万有引力(ばんゆういんりょく)説などを紹介した，**志筑忠雄**(しづきただお)の『**暦象新書**(れきしょうしんしょ)』も有名です。また，西洋の影響とは直接関係ありませんが，日本全国の沿岸を実測して『大日本沿海輿地全図(だいにほんえんかいよちぜんず)』という正確な日本地図を作成した**伊能忠敬**(いのうただたか)も登場します。

＊**ハルマ和解**…日本最初の蘭日対訳辞書（オランダ語を日本語に訳すための辞書）。蘭学者である稲村三伯が，同じく蘭学者である宇田川玄随(うだがわげんずい)らの協力を得て，オランダ人のハルマによる『蘭仏辞典』を翻訳したもの。

天文学
渋川春海
貞享暦
高橋至時
寛政暦
高橋景保
蛮書和解御用,シーボルト事件

高橋景保とシーボルト

天文学では，**高橋至時**を押さえてください。彼は，幕府の天文方となって**寛政暦**を完成させます。至時の「至」の字は，暦にちなんで夏至や冬至の「至」だと覚えましょう。

つづく高橋至時の子の**高橋景保**は，**蛮書和解御用**の設置を建議します。蛮書和解御用とは，洋書の翻訳機関，つまり外国語の本を日本語に翻訳するお役所という意味です。

その頃，ドイツから１人の医者がやってきます。当時，日本に来ていたオランダ人は，自分の国から医師を連れてきていたのですが，医学が発展していたのはドイツだったので，ドイツ人の*シーボルト**が来日することになりました。

長崎に滞在したシーボルトは，蘭学教育を行う**鳴滝塾**を開きます。ここでは，**高野長英**などが学びます。高野長英はその後，江戸に戻って町医者となり蘭学塾を開業しますが，1839年の蛮社の獄で捕まってしまいました。蛮社の獄は第５章でも触れましたが，1837年のモリソン号事件について，自著で幕府の対外政策を批判した高野長英や渡辺崋山らが処罰された事件ですね。

蘭学は民間にも広まり，他にも**緒方洪庵**が大坂に*適々斎塾**（適塾）を開き，人材の育成に努めました。

しかし，シーボルトは1828年に帰国する際，高橋景保から持ち出し

＊**シーボルト**…ドイツ人の医者・博物学者。1823年にオランダ商館の医師として来日。長崎に鳴滝塾を開き，医学を教えた。1828年のシーボルト事件によって国外追放となるが，再来日して『日本』や『日本植物誌』を著した。

禁止の日本地図をもらったために，国外追放の処分を受けることとなります。この事件を**シーボルト事件**と呼びます。高橋景保も，日本地図を渡したことで処罰されてしまいました。

表 B-1

	元禄文化	宝暦・天明期の文化	化政文化
自然科学	◆本草学 ①貝原益軒 『大和本草』 ②稲生若水 『庶物類纂』 ◆和算 ①吉田光由 『塵劫記』 ②関孝和 『発微算法』	①西川如見 『華夷通商考』 ②山脇東洋 『蔵志』 ◆蘭学 ①青木昆陽，野呂元丈：オランダ語を学ぶ ②前野良沢 『解体新書』 ③杉田玄白 『解体新書』，『蘭学事始』 ④大槻玄沢 『蘭学階梯』，芝蘭堂 ⑤稲村三伯 『ハルマ和解』	①志筑忠雄 『暦象新書』 ②伊能忠敬 『大日本沿海輿地全図』
天文学	渋川春海：貞享暦，天文方		高橋至時：寛政暦，天文方 高橋景保：蛮書和解御用

表 B-2 につづく

ちょきん！

＊**適々斎塾**…適塾，緒方塾とも。蘭学者である緒方洪庵による蘭学塾。1838年に大坂で開かれ，門下には教育家の福沢諭吉（ふくざわゆきち），兵法家の大村益次郎（おおむらますじろう），橋本左内（はしもとさない）など幕末から明治にかけて活躍した人物がいる。

国学（元禄文化）
契沖
『万葉代匠記』
北村季吟
歌学方
国学（宝暦・天明期の文化）
賀茂真淵
『国意考』
本居宣長
『古事記伝』
塙保己一
和学講談所
国学（化政文化）
平田篤胤
復古神道

国学とは？

表B-2

つづいては，**国学**です。国学は宝暦・天明期の文化の頃よりさかんになりました。国学とは，日本人に固有の文化や精神などを明らかにすることで**日本古来の道を説く学問**のことです。

元禄文化の頃は，**戸田茂睡**，**契沖**，**北村季吟**の３名が登場します。戸田茂睡は，和歌には使えない言葉が多いことのバカバカしさや，和歌に俗語を使うべきであるということを説きました。この戸田茂睡の説の正しさを証明したのが契沖です。契沖は，『万葉集』を研究して，戸田茂睡の説にのっとって和歌をつくれば，もっと和歌は良くなると主張し，**『万葉代匠記』**を著します。５代将軍徳川綱吉のもとで幕府の＊**歌学方**に任じられた北村季吟は，『源氏物語』などを研究し，作者が本来伝えたかったことは何かを追究しました。

宝暦・天明期の文化になると，中国の学問である儒学ばかりを重視することに対する反発として，国学が台頭してきます。

荷田春満の門人である**賀茂真淵**は，**『国意考』**を著し，日本古代の思想を追究しました。『国意考』は国の意識について考えようという本ですが，外からきた思想はダメだといったのです。ダメだという思想は儒学だけではありません。仏教もダメ，洋学もダメ，と，外国からやってきたあらゆる思想を排除しようとします。

＊**歌学方**…江戸幕府の役職の１つ。和歌に関する学問の研究を専門とする。歌人・古典学者である北村季吟と，その息子である北村湖春が役を任ぜられてからは，北村家が世襲した。

賀茂真淵の門人が，***本居宣長**です。本居宣長は『古事記』を研究して『**古事記伝**』を著し，日本古来の精神に戻るべきだと主張しました。本居宣長は，日本古来の精神を「真心」，中国的なものの考え方を「漢意」として「日本人は漢意を捨てて真心に戻るべきである」と主張しました。

新井白石は『日本書紀』を研究しましたが，本居宣長は『古事記』です。

混乱しないためにも，『古事記』と『日本書紀』の違いを押さえておきましょう。両方とも日本の歴史を記したものですが，『日本書紀』は中国の歴史書の書き方で日本の歴史を書いたもの，すなわち中国流です。だから，朱子学の新井白石が研究するのです。

これに対して，『古事記』は日本の歴史を日本古来の書き方で書いている。だから，国学の本居宣長が『古事記伝』を書くのです。『古事記』と『日本書紀』は，第1章を確認してください(→ P.26 ～ 27)。

一方，盲目の学者である**塙保己一**は古典の収集・保存を行い，**和学講談所**という学問所を設けて，『**群書類従**』を編修・刊行しました。塙保己一のおかげで多くの古い貴重な書物が失われずに今も残っているのです。

化政文化になると，本居宣長の影響を受けた**平田篤胤**が，日本古来の精神に戻ることを主張し，**復古神道**を開きます。「日本古来の精神を復活させよう」だから復古神道なのです。

＊**本居宣長**…江戸時代中期の国学者。賀茂真淵に学び，古典研究に尽力した。賀茂真淵が男性的な歌風である「ますらをぶり」を和歌の理想としたのに対し，本居宣長は平安時代の文芸理念を「もののあはれ」と評価した。

政治・社会思想家

封建社会批判

安藤昌益

経世論

海保青陵,本多利明,佐藤信淵

尊王論

竹内式部,山県大弐

水戸学

藤田東湖,会沢安

表 B-2

	元禄文化	宝暦・天明期の文化	化政文化
国学	①契沖『万葉代匠記』 ②北村季吟：歌学方	①荷田春満 ②賀茂真淵『国意考』 ③本居宣長『古事記伝』 ④塙保己一：和学講談所	平田篤胤：復古神道

表Bおわり

政治・社会思想家について

また，18世紀半ば以降，封建社会を批判して改めようとする動きが現れました。まずは，安藤昌益が『自然真営道』などを著します。すべての人が，自分で耕作して生活する社会(これを自然の世といいます)を理想とし，封建制度を批判したのです。すべての人が自分で食べ物をつくるという点で，武士は農民を監督すべきだと説いた武士土着論(→P.129)とは異なります。注意してください。

19世紀になると，**海保青陵**が『**稽古談**』の中で商工業を卑しめる武士の偏見を批判し，藩財政の再建を商工業に頼るべきであると唱えました。また，西洋諸国との交易で国を豊かにしていこうと説いた**本多利明**の『**西域物語**』や，産業を国営化することと貿易によって国を発展させていくことを説いた**佐藤信淵**の『**経済要録**』なども押さえておきましょう。

＊**竹内式部**…江戸時代中期の神道家。垂加神道を学び，京都で公家に神書・儒書を使って尊王論を説くことで，京都から追放される(宝暦事件)。のち，山県大弐が死刑になる明和事件にも関わったとされて八丈島に流罪となった。

尊王論の登場

最後は，**尊王論**です。天皇を尊ぶ尊王論が出てくるのもこの頃です。18世紀半ばには，京都で尊王論を説いた*****竹内式部**が追放された**宝暦事件**や，江戸で尊王論を説いた**山県大弐**が死罪になる**明和事件**がおこります。

さらに，19世紀になると，*****水戸藩**では**藤田東湖**や，**『新論』**の**会沢安**（正志斎）が登場します。水戸藩には，もともと2代藩主徳川光圀のもとでうまれた**水戸学**があります。水戸学は朱子学の考えにもとづき，尊王論を展開していました。ここでいう尊王論は幕府を否定するのではなく，幕藩体制の中で天皇を王者と尊ぶ考え方です。将軍は天皇が任命します。ですから天皇の権威が上がれば将軍の権威も上がるという理論です。それが，江戸時代後期になると，しだいに諸外国を打ち払うべきと説く攘夷論と結びついて，**尊王攘夷論**を説くようになります。これを唱えた中心人物が，藤田東湖や会沢安でした。尊王攘夷論は幕末の思想に大きな影響を与え，幕府を倒そうとする動きを促す要因になりました。

封建社会批判	封建制度批判	安藤昌益『自然真営道』
経世論	経世済民を説く	海保青陵『稽古談』など
尊王論	天皇を尊ぶ	竹内式部（宝暦事件）など
尊王論（水戸学）	朱子学にもとづく	藤田東湖，会沢安

さあ，これで近世は終わりです。次はいよいよ近現代に入りますよ！

＊**水戸藩**…水戸藩では歴史書『大日本史』の編さん事業を中心に水戸学という学風がおこる。時代によって前期水戸学・後期水戸学に区分される。後期水戸学は天皇の尊厳を説いて尊王論を展開し，幕末の尊王攘夷運動に大きな影響を与えた。

第6章 これをチェック！ 江戸時代の学問の発達

おつかれさまでした。さあ，力がついたかどうか試してみましょう。各文化の代表的な名称をチェックして，間違えたら，もう一度本文に戻ってください。

儒学

❶朱子学派

(1)京学……(藤原惺窩)が開祖

(林羅山)：初代将軍徳川家康に仕える
(林鵞峰)：３代将軍徳川家光に仕える
}『本朝通鑑』を編集する

(林鳳岡〔信篤〕)：５代将軍徳川綱吉のもと，湯島聖堂の学問所の初代(大学頭)に就く

(木下順庵)：５代将軍徳川綱吉の侍講となる

(新井白石)：６代将軍徳川家宣，７代将軍徳川家継に仕える。将軍に歴史論を講じるため(『読史余論』)を著す。他に『日本書紀』の注釈書(『古史通』)など

(室鳩巣)：８代将軍徳川吉宗の侍講となる

(2)南学……(南村梅軒)が開祖(実在の人物かは不詳)

(谷時中)：(土佐)の人。実質上の開祖といわれる

(野中兼山)：土佐藩家老。新田開発などを推進

(山崎闇斎)：朱子学と神道を結合させた(垂加神道)を唱える

❷陽明学派 ……日本では(中江藤樹)が開祖。(知行合一)を説く

(熊沢蕃山)：著書(『大学或問』)で幕政を批判し，処罰される

❸古学派

(1)聖学……(山鹿素行)が提唱。朱子学を批判し赤穂へ流される

(2)堀川学派……京都の(伊藤仁斎)が開き，(伊藤東涯)が大成させる

(3)(古文辞学派)……(荻生徂徠)が開く。江戸に私塾(蘐園塾)を開き，武士の土着が必要であると説く

さあ，最後に，第6章全体の表(P118〜119)に戻ってください。最初はただの表だった。でも今なら，１つ１つの言葉の意味と表全体の流れが，はっきりみえると思いますよ！

近現代の文化 1

1868 〜戦後（1945 〜）

1868

戦後
（1945〜）

メイン講義

第1部　近現代の思想・教育・宗教
第2部　近現代の学問

テーマ講義

明六社
内村鑑三不敬事件

こんにちは，日本史の金谷です。金谷俊一郎です。

文化史もいよいよ最後，近現代に入ります。明治時代以降の文化史というとピンと来ない人もいるかもしれません。でも，近現代は文明開化から始まって，日本が大きくかわっていった時代です。時代の変化を感じながら，しっかりと覚えていきましょう。

▼ 第7章　早わかり講義 ▼

Track	内容
13	第1部　近現代の思想・教育・宗教
14	第2部　近現代の学問

URL ▶ https://www.toshin.com/tb_audio/xerp/　PW ▶ Tb852Bk

第7章ってどんなカンジ？

この表で第７章のおおまかな内容がつかめたら，本文を読んでください。授業の途中に，はさみで切り取られた表がまとめとして出てきます。この表は，あとで頭の整理に使ってくださいね。

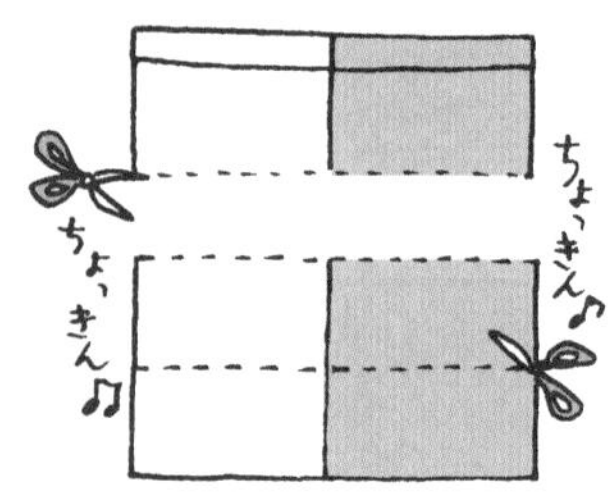

表A　近現代の思想・教育

		1870年代	1880年代	1890年代	1900年代
1 P154	思想	1873年　明六社の結成 森有礼，福沢諭吉，西周，加藤弘之，中村正直 ①福沢諭吉 『西洋事情』 『学問のすゝめ』 ②中村正直 『西国立志編』 『自由之理』	◆民権思想 ①中江兆民 『民約訳解』 ②植木枝盛 『民権自由論』 ◆平民的欧化主義 徳富蘇峰 (1)民友社の結成 (2)『国民之友』の創刊 ◆国権論 三宅雪嶺 (1)政教社の結成 (2)『日本人』の創刊	◆対外膨張論 徳富蘇峰 ◆日本主義 高山樗牛	
2 P160	教育	①1872年　学制 フランスの学校制度にならう ②1879年　教育令 アメリカ流教育制度の採用 ※同志社英学校 （新島襄創設）	1886年　学校令 森有礼文部大臣が中心 国家主義重視の教育政策 ※東京専門学校 （大隈重信創設）	①1890年　教育勅語 忠君愛国を学校教育の基本に ②1891年　内村鑑三不敬事件 教育勅語への最敬礼を拒否した	①1903年　国定教科書の採用 ②1907年　義務教育が6年に

表B　近現代の学問

		明治時代	大正時代
1 P167	経済学	◆イギリス経済学 ↓ ◆ドイツ経済学	◆マルクス主義の台頭 ①河上肇 ②野呂栄太郎
	哲学・倫理学	◆ドイツ哲学 ①西周 ②井上哲次郎：内村鑑三を批判	①西田幾多郎 『善の研究』 ②阿部次郎 『三太郎の日記』 ③和辻哲郎 『古寺巡礼』
	史学・民俗学	◆史学 ①田口卯吉:文明史論を提唱,『日本開化小史』 ②久米邦武:「神道は祭天の古俗」 ③喜田貞吉：南北朝正閏問題	◆民俗学 柳田国男 『遠野物語』 ◆史学 津田左右吉 『神代史の研究』
2 P169	医学・薬学	①北里柴三郎：ペスト菌 伝染病研究所の創設 ②志賀潔：赤痢菌 ③高峰譲吉：アドレナリン ④鈴木梅太郎：オリザニン	野口英世：黄熱病の研究
	物理学	①長岡半太郎：原子構造 ②田中館愛橘：地磁気	本多光太郎：KS 磁石鋼
	地震学	大森房吉：地震計	
	天文学	木村栄：Z 項の発見	

第7章 時代はここ！

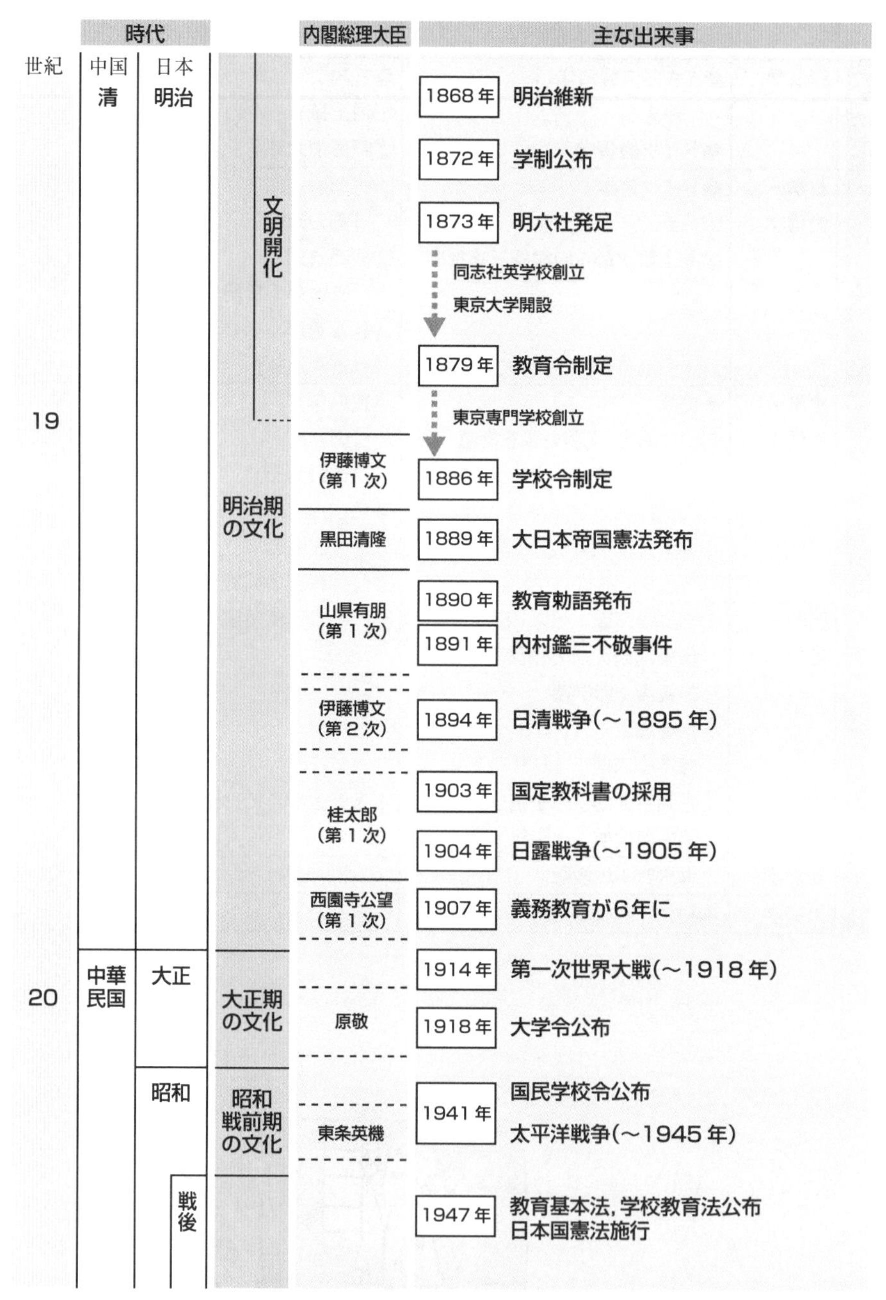

時代
内閣総理大臣
主な出来事
世紀
中国
日本
清
明治
文明開化
1868年 明治維新
1872年 学制公布
1873年 明六社発足
同志社英学校創立
東京大学開設
1879年 教育令制定
19
東京専門学校創立
伊藤博文（第1次）
1886年 学校令制定
明治期の文化
黒田清隆
1889年 大日本帝国憲法発布
山県有朋（第1次）
1890年 教育勅語発布
1891年 内村鑑三不敬事件
伊藤博文（第2次）
1894年 日清戦争（～1895年）
桂太郎（第1次）
1903年 国定教科書の採用
1904年 日露戦争（～1905年）
西園寺公望（第1次）
1907年 義務教育が6年に
20
中華民国
大正
大正期の文化
1914年 第一次世界大戦（～1918年）
原敬
1918年 大学令公布
昭和
昭和戦前期の文化
東条英機
1941年 国民学校令公布
太平洋戦争（～1945年）
戦後
1947年 教育基本法，学校教育法公布
日本国憲法施行

第1部　近現代の思想・教育・宗教

近現代の思想とは？

表 A-1

さあ，いよいよ今回から近現代に入ります。

まずは，近現代の文化史を学ぶうえで最難関ともいえる，明治時代の思想から片付けておきましょう。簡単にまとめると，次のようになります。

年代	思想	
1870 年代	文明開化	西洋大好き！
1880 年代	民権思想	人間としての権利を！
	国権論	日本好き！
1890 年代	対外膨張論	大陸進出だ！
	日本主義	（大陸進出だ！）

文明開化で流行した西洋近代思想

1603 年に，徳川家康が江戸に幕府を開いてから 260 年余りつづいた江戸幕府も，ついに終わりを迎えるときがきました。

第 15 代将軍徳川慶喜が大政奉還の上表を朝廷に出すと，薩摩藩や長州藩などが中心となって新政府が誕生します。1868 年には元号を明治に改めました。

では，思想はどうなっていくのでしょうか。明治となってすぐの 1870 年代からみてみることにしましょう。

思想1（1870年代）

明六社

近代思想の普及

福沢諭吉『西洋事情』

中村正直『西国立志編』

1870年代は，文明開化の時代です。西洋の文化をとにかくジャンジャン受け入れていこうとした段階でした。なぜか？　それは，**富国強兵**をめざす明治政府の政策にあります。

政府は，**西洋の文化を取り入れることで近代化をおし進め**，西洋と肩を並べようとしたのですね。

人々の生活の中にも，新しい西洋の考え方が入ってきます。新しいことが入ってくれば，当然古い考え方や思想は「時代遅れ」という風潮がうまれてきます。1870年代は，政府のスローガンである富国強兵の考え方を背景に，自由主義や功利主義が登場しました。これらは，イギリスやアメリカから伝わった考え方です。なぜこれらの思想が流行するのか？　それは，イギリスやアメリカが当時世界のトップにいたからです。日本は西洋文化を取り入れて近代化を進め，欧米列強と肩を並べようとしていたので，イギリスやアメリカの考え方を取り入れたのです。

そんな中，1873年に近代思想の普及を目的に**明六社**が結成されました。***森有礼**，**福沢諭吉**，**中村正直**，**西周**，**加藤弘之**らの洋学者がつくった団体です。

森有礼は，次にお話しする教育の分野でも**文部大臣**となって活躍した人物です。福沢諭吉は**『西洋事情』**や**『学問のすゝめ』**を著しました。『西洋事情』は，前の章で出てきた新井白石の『西洋紀聞』と混同しや

***森有礼**…政治家・外交官。薩摩藩出身。明六社の創立に尽力した。駐米公使などを歴任後，第一次伊藤博文内閣の文部大臣となり，国家主義にもとづく学制改革を行った。大日本帝国憲法が発布された日に国粋主義者に襲われ，翌日死去。

すいので注意しましょう。新井白石は，江戸時代の人だからヨーロッパには行けません。だから『西洋紀聞』，つまり聞いたことをまとめているんです。一方，諭吉は何回も足を運んでいるので『西洋事情』，つまり，実際に目でみたことを書くんですね。もともと諭吉は蘭学者です。幕末の1860年に*遣米使節（けんべいしせつ）の一員としてアメリカへ，のちにはフランスやイギリス，ドイツといったヨーロッパ諸国もまわりました。その経験をもとに，蘭学のみならず広く西洋の学問を研究すべきだと考えるようになります。

一方，中村正直はスマイルズの著書を翻訳（ほんやく）した**『西国立志編（さいごくりっしへん）』**を発表しています。「西国立志」とは，西の国で志をなし遂げたという意味です。くだけた言い方をすれば，ヨーロッパで成功した人たちのお話を集めたよ，という本です。他にも，中村正直はミルの著書を翻訳した**『自由之理（じゆうのことわり）』**なども出し，西洋思想を紹介しました。

西周は国際法を翻訳した『万国公法（ばんこくこうほう）』を著した人物です。加藤弘之は，このあと登場する天賦人権論（てんぷじんけんろん）（→ P.150）を日本に紹介しました。

テーマ1　明六社

明六社は，西洋の学会をお手本に結成されました。明六社ができた1873年は明治6年です。そう，「明六社」という名前は明治6年にちなんでいるんです。その翌年，『明六雑誌（めいろくざっし）』を発行し，演説会を開くなどの活動を進めます。封建的（ほうけんてき）な思想を排除して新

＊**遣米使節**…1858年に結ばれた日米修好通商条約を批准（ひじゅん）（結ばれた条約の最終的な確認，同意の手続き）するためアメリカに派遣された使節団。正使は新見正興（しんみまさおき）。道中，各地で大歓迎を受けた。幕府の軍艦咸臨丸（かんりんまる）（艦長勝海舟（かつかいしゅう））が随行した。

しい近代的な思想の普及に努めました。参加した洋学者は，そのほとんどが幕末には幕府の洋学機関で働いていた人物です。明治維新後は明治政府の一翼を担うなど，日本の近代化に大きく貢献しました。

自由民権運動と思想

次に1870年代後半から1880年代に入ると，**自由民権運動**が盛り上がります。自由民権運動では，**板垣退助**らが，政府はほんの少しの人たちで政治を行っていると批判しました。そして，国民が政治に参加できるよう，国会を開くことを要求します。

この頃，普及したのが**民権思想**です。民権思想の根底にあるのは，**天賦人権論**といって，万人は生まれながらにして人間としての権利が備わっているというものです。天賦人権論はフランスの思想です。自由民権運動は，この天賦人権論の考え方からうまれた運動でした。

民権思想家としては，フランスの啓蒙思想家として名高いルソーの著書『社会契約論』を翻訳した**『民約訳解』**を発表し，「東洋のルソー」と呼ばれた**中江兆民**や，**『民権自由論』**を著した**植木枝盛***などがいます。

＊**植木枝盛**…土佐藩出身の自由民権論者。立志社の創立者である板垣退助らとともに国会開設に力を尽くした。自由党の活動家として活躍し，1890年には衆議院議員に当選。著書に『民権自由論』などがある。

けれども，自由民権運動が盛り上がってくると明治政府としては困ります。なぜか？　万人は生まれながらにして人間としての権利を備えているということは，政治に参加する権利も均（ひと）しく存在することになります。そうすると，せっかく自分たちが苦労してつくった明治政府を自分たちだけで動かすことができなくなる。だから，こういった考え方をつぶそうと対立する動きが出てきます。それが，**社会進化論**です。

社会進化論は，イギリスの考え方です。日本では加藤弘之が唱えました。彼は先ほどお話しした明六社の一員で，なんと日本に天賦人権論を紹介した人物です。しかし，自由民権運動が盛り上がると，加藤弘之は社会進化論に思想をかえたのです。社会進化論は，ダーウィンの進化論から発生した思想で，自然の摂理に照らし合わせた考え方です。自然の摂理とは弱肉強食を指します。弱きものは死に絶え，強きものだけが生き延びるのが自然界だというわけです。それで，なぜ人間の世界だけ平等だといえるのか，自然の摂理に反しているんじゃないかというんです。このような考え方が，のちの強権的な国家思想に結びついていくのです。

欧化主義に反対！

つづいて1880年代後半になると，「日本は独立した国家として諸外国と対等な関係を結ぶべきだ」と主張する**国権論**（こっけんろん）が台頭します。

なぜか？　明治政府にとって大きな問題は，幕末に結ばれた欧米諸国との不平等条約でした。そこで，1883年に井上馨（いのうえかおる）外務卿は東京に**鹿鳴**（ろくめい）

館を建設します。鹿鳴館を社交場として外国からの要人を接待し，日本が文明国であることを示せば，条約改正を有利に進められると考えたからです。これを**欧化政策**といいます。欧化政策は西欧の習慣を積極的に取り入れる**欧化主義**にもとづいていました。

しかし，これは極端な欧化主義だという反感が世間からうまれます。政府に対する批判が高まるとともに強まったのが，国権論でした。

では，この時代の代表的な人物をみていきましょう。

まずは，**徳富蘇峰***です。**民友社**を結成し，雑誌『**国民之友**』や『国民新聞』を創刊しました。彼は**平民的欧化主義**を唱えました。

徳富蘇峰で重要なのは，彼は欧化主義そのものは否定していないという点です。欧化主義そのものはやるべきであるが，今の政府がやっている欧化主義は良くないとし，それで得をするのは一部の特権階級だけだと批判したのです。彼は，一般の人々が得をするような欧化主義を推進するべきだと主張しました。この思想が平民的欧化主義です。

それに対して欧化主義そのものを否定したのが，**政教社**を結成し，雑誌『**日本人**』を刊行した**三宅雪嶺**です。彼は，**近代的民族主義**を唱えました。欧化主義はダメなんだ，いわゆる西洋的な思想は日本に合わな

＊**徳富蘇峰**…評論家。自由民権運動に参加し，民友社を設立。平等な社会をめざす平民的欧化主義を主張し，のち日清戦争を契機に対外膨張論に転じた。敗戦後には，Ａ級戦犯容疑者として公職を追放される。

いから取り入れるべきではないというものです。近代的民族主義の提唱者は他に，***志賀重昂**や**陸羯南**がいます。陸羯南は『**日本**』という新聞で欧化主義を否定しました。三宅雪嶺にしても陸羯南にしても，「日本」という字が入っていますね。日本の考え方が一番いいんだ，という思想が彼らの根底にあるからです。

さらに思想は強硬なものに……

さらに，1895年の日清戦争の勝利をきっかけに，国内の思想は**対外膨張論**が主流となっていきます。欧米列強はドンドン植民地を広げて豊かになっている，日本も同じことをやろう，対外進出を通じて欧米列強と肩を並べられるような大国になっていこうという考え方です。

なぜ，このような考え方が出てきたのか？ **三国干渉への強い反発**があったからです。日清戦争で日本は清国に勝利したものの，ロシアやドイツ，フランスが日本の領土となった遼東半島を清国へ返すように要求してきます。これが三国干渉です。日本はこれらの国々に対抗できる力がまだなかったので，要求を呑みましたが，国民は三国干渉に怒ったのです。こうして対外膨張論の考え方が出てきました。

対外膨張論を唱えた代表的な人物には，先ほどお話しした**徳富蘇峰**がいます。

「あれ，先生。徳富蘇峰は平民的欧化主義を唱えたって，さっき教え

*****志賀重昂**…地理学者・評論家。札幌農学校卒。軍艦に便乗してオセアニア各地をまわり，『南洋時事』を出版した。三宅雪嶺とともに政教社創立に参加し，近代的民族主義を主張。世界各地をめぐり多くの紀行文を残す。衆議院議員当選2回。

教育１

1872年 学制 国民皆学

1879年 教育令 翌年改正

てくれましたよね？」

そうです，徳富蘇峰は日清戦争をきっかけに，平民的欧化主義から，対外膨張論に転じていったのです。それだけ三国干渉の影響が大きかったといえるでしょう。他にも，対外膨張論を唱えた人物に＊**高山樗牛**（たかやまちょぎゅう）がいます。彼の思想は**日本主義**（にほんしゅぎ）と呼ばれています。雑誌『**太陽**（たいよう）』を創刊して，日本の大陸進出を肯定しました。

表A-1

	1870年代	1880年代	1890年代	1900年代
思想	1873年　明六社の結成 森有礼，福沢諭吉，西周，加藤弘之，中村正直 ①福沢諭吉 『西洋事情』 『学問のすゝめ』 ②中村正直 『西国立志編』 『自由之理』	◆民権思想 ①中江兆民 『民約訳解』 ②植木枝盛 『民権自由論』 ◆平民的欧化主義 徳富蘇峰 (1)民友社の結成 (2)『国民之友』の創刊 ◆国権論 三宅雪嶺 (1)政教社の結成 (2)『日本人』の創刊	◆対外膨張論 徳富蘇峰 ◆日本主義 高山樗牛	

表A-2 につづく

ちょきん！

また，1900年の北清事変をきっかけに，ロシアが満州を事実上占領します。これに反発した陸羯南は，ロシアに対して強硬な態度を取るべきだと対露強硬論を唱えます。

＊**高山樗牛**…評論家。帝国大学在学中に小説『滝口入道（たきぐちにゅうどう）』を発表し，卒業後は雑誌『太陽』の主幹を務めた。はじめ日本古来の伝統を重視する日本主義を主張したが，のちにニーチェの個人主義を賛美，晩年は日蓮主義に傾倒。

思想は当時の政治や情勢と深く関わっています。文化史として独立して勉強をするのではなく，当時の状況と合わせて押さえていきましょう。

明治時代に入って教育は？

表A-2

つづいては，教育についてです。

まずは，1870年代からみていきましょう。

1872年	学制の公布	フランス！
1879年	教育令	アメリカ！

当時は，西洋の教育制度を日本に導入しようという動きが主流でした。文明開化ですね。政府は，近代化をおし進めるには，思想だけでなく，教育の水準を高めることも重要だと考えたのです。

1872年，＊**学制**(がくせい)が公布されます。フランスの学校制度にならい，学校教育の制度が定められました。「すべての国民に学問を」という**国民皆学**(こくみんかいがく)がスローガンになります。しかし，この制度は子どもたちが貴重な労働力であった地方の実情を無視した内容だったり，学費が高かったりしたため，学制反対一揆(がくせいはんたいいっき)などがおこった地域もありました。

そこで，1879年にアメリカ流の教育制度を採用した**教育令**(きょういくれい)が出されます。しかし，この制度は学校の管理を地方に任せるなどしたため，放任主義(ほうにんしゅぎ)であるといった批判がおこります。そのため**翌年には教育令を大幅に改正**し，政府の監督責任を強調しました。結局，1872年の学制も

＊**学制**…近代学校制度に関する日本初の法令。大・中・小の３段階に学区を制定し，それぞれの学区に大学・中学・小学を設けることとされた。当初，関東を第一大学区として全国８つに大学区を分けたが，翌年改正され７つとなった。

教育２
1886年
学校令
1890年
教育勅語
1891年
内村鑑三不敬事件
1903年
教科書の国定化
1907年
義務教育6年に

1879年の教育令も日本の実情に合わない教育制度だったんです。でも，当時は西洋のものを取り入れるのが一番いいんだと思ってしまったんですね。

国家主義的な教育制度の登場

1886年	学校令	国家主義重視！
1890年	教育勅語	忠君愛国！

ついで，1880年代になると国家主義的な教育制度が出てきます。

なぜか？　先ほど思想のところでお話しした自由民権運動と関係があります。反政府的な民権運動がさかんになるにつれ，政府はしだいに国家による統制を強めるからです。

1886年には，文部大臣の森有礼を中心に**学校令**が出されました。学校令とは，**帝国大学令***，**師範学校令**，**中学校令**，**小学校令**などの総称です。学校令により，**学校教育制度が体系化**されます。小学校は低学年が尋常小学校，高学年が高等小学校に分けられました。さらに，**尋常小学校卒業までの３～４年間が義務教育**となります。

そして，1894年には高等学校令が出され，それまでの高等中学校が高等学校に改組されました。また，1890年には**教育勅語**が出され，**忠君愛国**こそが学校教育の方針であることが強調されました。前年に出された大日本帝国憲法の精神をもとにつくられたのです。

＊**帝国大学令**…1886年から1918年の大学令制定までは，帝国大学のみが大学だった。現在称される「旧７帝大」は，第一大学区の東京帝国大学，以下，名古屋，京都，大阪，九州，東北，北海道を指す。

テーマ2　内村鑑三不敬事件

教育勅語は天皇制の強化をはかったもので，奉読の際に最敬礼が義務づけられていました。

しかし，教育勅語が出された翌年の1891年に，最敬礼を拒否した講師が教壇を追われる事件がおこります。教壇を追われた人物の名前は内村鑑三（うちむらかんぞう）。これを内村鑑三不敬事件（ふけいじけん）といいます。

なぜ，彼は拒否したのでしょうか？　彼がキリスト教徒だったからです。天皇の署名が入った教育勅語には最敬礼できなかったのです。

内村鑑三不敬事件を機に，教育勅語が大切に扱われるよう訓令が発せられます。こうして徐々に教育勅語は神聖化されていきます。1900年代になると，義務教育期間の授業料が廃止されたこともあり，**就学率が90%を超える**ようになりました。これは，当時の世界の中でもトップレベルの就学率でした。

義務教育の授業料が廃止になった理由は，いくつかあります。1つは，日清戦争で多額の賠償金が手に入ったから。政府にお金がいっぱいあれば，授業料を無償にすることができます。もう1つは，**教科書の国定化**（こくていか）です。小学校の教科書には文部省による著作しか用いることができなくなるわけです。

なぜか？　当時の政府の考え方に理由があります。先ほど思想のとこ

教育3

福沢諭吉
慶應義塾

新島襄
同志社英学校

大隈重信
東京専門学校

津田梅子
女子英学塾

ろで触れましたが，日清戦争に勝利して対外膨張論が出てきましたね。大陸に進出して，欧米列強と肩を並べられるような立派な国になろう，というものです。国を発展させる考えを教育として浸透させたい，だから国がつくった教科書を国民が使うシステムを考えたのです。

でも，義務教育が無償じゃないと，「国がつくった教科書だからって使いたくないよ」と反発が出ますよね。強制させても反発がおこるから，かわりに義務教育の授業料を廃止したのです。さらに日露戦争後の1907年には，**義務教育が6年間に延長**されました。

当時の学校は？

それでは，当時の学校についてみてみましょう。1872年に学制が公布されましたね。それによって1870年代に**師範学校**や**東京女学校**，**女子師範学校**が設けられました。師範学校とは教員を養成するためにつくられた学校です。

東京女子師範学校は現在の**お茶の水女子大学**のことです。もうこの頃に女学校があったのですね。「国民皆学」を理念としたので女子教育もしっかり行います。それから，1877年に**東京大学**ができます。当時唯一の官立大学だった東京大学は1886年の**帝国大学令**で工部大学校を吸

＊**新島襄**…教育家・宗教家。アメリカに密航し神学を学ぶ。のち岩倉遣外使節団とともに欧米の教育制度を視察し，帰国後は京都に同志社英学校を創立した。キリスト教の精神にもとづく教育に力を尽くす。

収・合併して帝国大学となります。

次に，私立学校についてみておきましょう。

福沢諭吉は1858年に蘭学塾を開き，10年後の1868年に**慶應義塾**と命名します。慶應義塾大学の前身ですね。また*__新島襄__（にいじまじょう）は，1875年に同志社大学の前身である**同志社英学校**（えいがっこう）を創設します。

さらに，1882年には**大隈重信**（おおくましげのぶ）が早稲田大学の前身である**東京専門学校**（とうきょうせんもんがっこう）を，1900年には***津田梅子**（つだうめこ）が津田塾大学の前身である**女子英学塾**（じょしえいがくじゅく）を創設します。今でも有名な学校ばかりですね。

福沢諭吉	―	慶應義塾	……	現在の慶應義塾大学
新島襄	―	同志社英学校	……	現在の同志社大学
大隈重信	―	東京専門学校	……	現在の早稲田大学
津田梅子	―	女子英学塾	……	現在の津田塾大学

大正時代になると，大学令が制定されます。これまでは官立の帝国大学だけを大学としていたのが，公立や私立，単科の学校を大学として認めるようになります。大学令によって，東京専門学校など多くの私立学校が大学となりました。

＊**津田梅子**…教育家。岩倉遣外使節団に同行した日本で最初の女子留学生。帰国後は女子教育に力を尽くした。華族女学校の英語教師となり，のち再びアメリカにわたる。1900年には女子英学塾を創設。

教育4

1941年 国民学校令

1947年 教育基本法，学校教育法

戦後の教育は？

太平洋戦争の始まる1941年には，**国民学校令**（こくみんがっこうれい）が出され，尋常小学校は国民学校（こくみんがっこう）となりました。また，それまで6年間だった義務教育を8年間と定めましたが，戦争の激化により実施されることはありませんでした。

戦後になると，**連合国軍最高司令官総司令部**（GHQ／SCAP）によって戦前の教育制度が大幅に変更させられます。修身（しゅうしん）や日本歴史，地理の授業が一時停止されます。修身は，今でいう「道徳」にあたるものです。1947年には義務教育9年と男女共学を定めた**教育基本法**（きょういくきほんほう）*と，6・3・3・4の教育制度を定めた**学校教育法**（がっこうきょういくほう）が出されました。

表A-2

	1870年代	1880年代	1890年代	1900年代
ちょきん！				
教育	①1872年　学制 フランスの学校制度にならう ②1879年　教育令 アメリカ流教育制度の採用 ※同志社英学校（新島襄創設）	1886年　学校令 森有礼文部大臣が中心 国家主義重視の教育政策 ※東京専門学校（大隈重信創設）	①1890年　教育勅語 忠君愛国を学校教育の基本に ②1891年　内村鑑三不敬事件 教育勅語への最敬礼を拒否した	①1903年　国定教科書の採用 ②1907年　義務教育が6年に

表Aおわり

＊**教育基本法**…1947年に施行。日本の教育の基本的なあり方を示した法律。教育機会の均等，義務教育の9年制や男女共学などが定められている。この教育基本法と同時に学校制度の基本を定めた学校教育法も成立した。

宗教は？

最後に，宗教についてお話ししておきます。

まず，**神道**です。皆さん，**神仏習合**という言葉を覚えていますか？

第2章でやりましたね(→ P.44)。本来は別の宗教である神道と仏教が融合するというものです。明治時代になるまで，神仏習合のため神道と仏教は分離されていませんでした。ところが，1868年に**神仏分離令**というものが出ます。これは神道と仏教を別々にして，神道を国教，つまり日本の国の宗教にしようとする方針です。さらに，1870年に**大教宣布の詔**が出されます。

国家神道の制度では，神社の頂点は三重県にある*伊勢神宮です。

そうなると，一方の**仏教**が気になりますね。神道と別々にされた仏教はどうなったのでしょうか？ **仏教は神仏分離令によって大きな打撃を受けます。**神仏分離令自体は，仏教の排斥を目的とするものではありませんでしたが，全国各地で寺院や仏像などの破壊がおこります。これを**廃仏毀釈**といいます。

けれども，しだいに廃仏毀釈の運動も下火になっていきます。1870年の大教宣布の詔は，神道を中心とした国民教化をめざしたものでした

＊**伊勢神宮**…三重県伊勢市にある神社。日本神話に登場する天照大神が祀られている。明治時代以降，国家神道の中心となり国家の保護を受けた。戦後は宗教法人となった。

宗教

1868年
神仏分離令

1870年
大教宣布の詔

神道
国教化

仏教
廃仏毀釈

キリスト教
禁教政策の廃止

が，仏教側の抵抗などにより失敗に終わります。今まで文化史をやってきてわかると思いますが，日本人にとって仏教の影響は大きく，簡単に排斥することはできません。そういう勢力を敵にまわしてしまうと，政府も困るんです。**島地黙雷**(しまじもくらい)と**井上円了**(いのうええんりょう)の努力によって，仏教は立ち直ります。

つづいて，**キリスト教**です。1868年の**五榜の掲示**(*ごぼう)により，禁教政策が継続されます。神道を国教化する一方で，キリスト教を弾圧するんです。長崎の浦上(うらかみ)では**浦上教徒弾圧事件**がおこります。信徒が捕らえられて改宗を迫られたり，五島列島の隠れキリシタンも迫害を受けました。

しかし，欧米列強の抗議を受けたため，政府は1873年に禁教政策をやめてキリスト教を黙認するようになります。そして，**ヘボン**や**フルベッキ**といったプロテスタントの人たちが活躍します。ヘボンは「ヘボン式ローマ字」を開発した人として有名ですね。フルベッキは，英語教授を行います。他にも，札幌農学校の教頭になった**クラーク**がいます。

では，なぜプロテスタントだけでカトリックの人たちは活躍しないのか？　それは，政府の考え方にあります。厳格なカトリックの人たちが入ってくると，改宗を強要したり一揆がおこったりする可能性があると考えたのです。江戸時代のような混乱をおこしたくないので，カトリックの宣教師(せんきょうし)が入ってこないようにしていたのです。

***五榜の掲示**…五箇条の誓文の公布翌日，旧幕府の高札のかわりに立てられた５つの高札。民衆に向けて儒教的道徳を説き一揆を禁じるなどしたが，旧幕府の政策とかわりなかった。キリスト教を邪宗門として禁止した高札は第三札にあたる。

ここまでの宗教の流れを表にまとめたので，見ておいてください。

	神道	仏教	キリスト教
江戸時代	神仏習合（神道と仏教は分離されていなかった）		禁教令（1612年）などでキリシタン信仰を禁止
			プロテスタント宣教師ヘボン，フルベッキ来日（1859年）
1860年代	神仏分離令（1868年） →神道と仏教を別々にし，神道を国教化する	↓ 廃仏毀釈	五榜の掲示（1868年） →キリシタン禁制の高札
	神祇官の設置（1869年） →1871年廃止，神祇省設置		浦上教徒弾圧事件（1868～1869年）
1870年代	大教宣布の詔（1870年） →神道国教化の推進	← 仏教側の抵抗により失敗に終わる	切支丹禁制高札撤廃（1873年） →浦上教徒弾圧事件で欧米列強からの抗議を受けて高札を撤廃し，キリスト教布教を黙認
	神祇省廃止，教部省設置（1872年） →1877年廃止，内務省社寺局に移管	島地黙雷，信教の自由と政教分離を説く	クラーク来日，札幌農学校教頭に（1876年） →1877年帰国
1880年代		井上円了，仏教の復権をめざす	

これで第1部を終わります。つづく第2部では近現代の学問についてお話ししますよ。

第2部　近現代の学問

経済学

明治時代
イギリス
↓
ドイツ

大正時代
マルクス主義

哲学・倫理学

明治時代
ドイツ哲学

大正時代
西田幾多郎,阿部次郎,和辻哲郎

学問の発達

表B-1

それでは，近現代の学問についてみていきましょう。学問は，まずは明治時代のものか，大正時代のものか識別できるようにしましょう。

最初は**経済学**です。明治時代に，まずはイギリスの経済学が導入されました。けれども，イギリスの経済学は日本の実情に合わないので，ドイツの経済学に取ってかわります。法律も同じです。はじめはフランス人の**ボアソナード**が法典の編さんにあたるなど日本の法律をリードしますが，やがてドイツの法律に移っていきます。

大正時代半ばになると，**マルクス主義**の研究が盛り上がります。マルクス主義とは，**マルクス**と**エンゲルス**によって唱えられた理論です。労働者を解放して階級をなくし，平等な社会をめざそうとしました。

なぜ大正時代にマルクス主義が盛り上がったのか？　それは，1917年に**ロシア革命**がおこったからです。ロシア革命によって，社会主義の国家ができる。これは，すごい事件なんです。当時，社会主義を唱えていた人でも，本当に社会主義の国なんてつくれるのか半信半疑だった。それが世界の大国であるロシアで実現したのです。その結果，日本でマルクス主義の研究がはやります。

＊**河上肇**…社会思想家・経済学者。京都大学の教授を務めながら大阪朝日新聞に『貧乏物語』を連載し，貧困の廃絶を主張。当初の人道主義からマルクス主義へと傾いた。日本共産党に入党し，検挙された。

主な研究者は**河上肇**，**野呂栄太郎**の２人です。河上肇は社会の貧困問題を経済学の視点から描いた**『貧乏物語』**を著します。野呂栄太郎は日本社会について分析を行い，『日本資本主義発達史講座』を編集しました。ここに執筆した人たちは講座派と呼ばれます。彼らは，明治維新以降の日本社会の捉え方をめぐって，労農派との間で日本資本主義論争を展開しました。

次に，**哲学**です。当時は，ドイツ哲学の研究が主流でした。明治時代に**ケーベル**という人物が来日し，東京大学で教鞭を執ります。ドイツ哲学を教えたのでケーベルはドイツ人かと思うかもしれませんが，ロシア人です。明治時代の研究者では**西周**や**井上哲次郎**などが有名です。西周は明六社のメンバーでしたね(→ P.148)。井上哲次郎は教育勅語のところで出てきた内村鑑三不敬事件(→ P.157)でキリスト教を批判した人物です。

大正時代になると，様々な人たちが出てきます。**西田幾多郎**と**阿部次郎**を押さえてください。西田幾多郎は**『善の研究』**を著し，独自の哲学体系を打ち立てました。西田は従来のヨーロッパの真似ばかりしてる哲学ではなく，ヨーロッパの哲学に禅の要素などを取り入れた「西田哲学」を完成させました。阿部次郎の**『三太郎の日記』**は当時の学生たちの愛読書でした。また，倫理学者の**和辻哲郎**も押さえておきましょう。彼は仏教美術や日本思想などを研究し，**『古寺巡礼』**などを著しました。この３人は大正時代の人物だということを押さえておきましょう。

＊**西田幾多郎**…哲学者。京都大学の教授を務めた。西洋の模倣をするだけの従来の哲学を超え，東洋の思想を理論化・西洋哲学と融合させ西田哲学を確立する。著書には『善の研究』や『哲学の根本問題』などがある。

史学・民俗学

明治時代

田口卯吉，久米邦武，喜田貞吉

大正時代

柳田国男，津田左右吉

その他の学問は？

その他の学問についてもみていきましょう。

明治時代で押さえておきたい人物は，**田口卯吉**と**久米邦武**です。

田口卯吉は，明治時代初期に歴史学の分野において**文明史論**を唱えた人物です。古代からの日本の歴史を，文明の発達する過程として説明した『**日本開化小史**』を著しました。これは新しい歴史の見方として世の中に示されます。

久米邦武は明治時代も後半の頃，「**神道は祭天の古俗**」，つまり神道は古臭い習慣だと論じて帝国大学教授の職を追われた人物です。久米邦武は，神道家から攻撃され，帝国大学の教授を辞任せざるを得なくなってしまったのです。

他に，**喜田貞吉**がいます。彼は国定教科書をつくる際，室町幕府が成立した頃は南朝と北朝に２人の天皇が存在した，と書いて文部省を休職させられた人物です。当時，天皇は万世一系，つまり永久に天皇家は１つの系統だということになっていたので，同時期に２人の天皇がいると教えるのはまずかったんですね。これを**南北朝正閏問題**といいます。

次に，大正時代です。大正時代で押さえておきたい人物は，＊**柳田国男**です。

彼は，民間伝承やその地域固有の行事などを研究し，庶民の生活を明らかにしていきました。この学問を**民俗学**といいます。彼の著書には

＊**柳田国男**…民俗学者。朝日新聞社に入社後，国内をめぐり民俗や伝承を調査した。日本の民俗学（一般庶民の生活や文化の歴史を研究する学問）の確立に貢献し，文化勲章を受章する。著書には『遠野物語』などがある。

『遠野物語』があります。

他に，日本古代史研究の第一人者である**津田左右吉**が出てきます。著書『**神代史の研究**』で，『古事記』や『日本書紀』の非科学的な神話の部分などについて，史実と違っているのではないかと研究した人物です。

表B-1

	明治時代	大正時代
経済学	◆イギリス経済学 ↓ ◆ドイツ経済学	◆マルクス主義の台頭 ①河上肇 ②野呂栄太郎
哲学・倫理学	◆ドイツ哲学 ①西周 ②井上哲次郎：内村鑑三を批判	①西田幾多郎 『善の研究』 ②阿部次郎 『三太郎の日記』 ③和辻哲郎 『古寺巡礼』
史学・民俗学	◆史学 ①田口卯吉：文明史論を提唱，『日本開化小史』 ②久米邦武：「神道は祭天の古俗」 ③喜田貞吉：南北朝正閏問題	◆民俗学 柳田国男 『遠野物語』 ◆史学 津田左右吉 『神代史の研究』

表B-2 につづく

ちょきん！

医学・薬学
明治時代
北里柴三郎，志賀潔，高峰譲吉，鈴木梅太郎
大正時代
野口英世
物理学
明治時代
長岡半太郎，田中館愛橘
大正時代
本多光太郎
地震学
明治時代
大森房吉
天文学
明治時代
木村栄

自然科学分野の学問は？

表B-2

次に自然科学の分野をお話しします。

まず，医学・薬学について。医学・薬学は，明治時代にさかんになります。この分野では，なんといっても細菌学を研究した**北里柴三郎**が有名です。**破傷風の血清療法**や**ペスト菌を発見**し，**伝染病研究所**を創設しました。伝染病研究所からは，赤痢菌を発見した**志賀潔**が輩出されました。

薬学では，アドレナリンの抽出に成功した**高峰譲吉**，オリザニン(ビタミン B_1)の抽出に成功した**鈴木梅太郎**，当時不治の病であった梅毒の特効薬サルバルサンの創製に協力した**秦佐八郎**が有名です。

大正時代では，**黄熱病を研究した** ***野口英世**が有名です。野口英世は，蛇毒の研究や梅毒スピロヘータの純粋培養に成功するなど，世界的に名声を得た人物です。

次に物理学と地震学，天文学です。

物理学については，明治時代の研究者で押さえておきたいのが**長岡半太郎**と**田中館愛橘**です。長岡半太郎は原子の構造を研究します。田中館愛橘は地磁気の測定をしました。大正時代で押さえておきたいのは，**本多光太郎**です。KS磁石鋼を発明し，鉄鋼学の世界的権威となった人物

＊**野口英世**…細菌学者。伝染病研究所でペスト菌を発見した北里柴三郎に学ぶ。のちアメリカにわたり，ロックフェラー研究所で梅毒スピロヘータを研究。アフリカで黄熱病の研究中に感染，病死した。

です。

それから，地震学を研究し「大森式地震計」と呼ばれる地震計を発明した**大森房吉**(おおもりふさきち)と，地球の緯度変化の観測に一生を捧げて緯度変化公式のZ項(こう)を発見した天文学者の**木村栄**(きむらひさし)は，いずれも明治時代の人物として押さえておきましょう。

大正時代は，日本独自の研究がさかんになります。なぜか？ 1914年からの第一次世界大戦の影響で，薬品などのドイツからの輸入が途絶えてしまったからです。他にも*$\mathbf{理化学研究所}$(りかがくけんきゅうじょ)などが設立され，独自の学問的業績が次々に現れました。

表B-2

	明治時代	大正時代
ちょきん！		
医学・薬学	①北里柴三郎：ペスト菌 伝染病研究所の創設 ②志賀潔：赤痢菌 ③高峰譲吉：アドレナリン ④鈴木梅太郎：オリザニン	野口英世：黄熱病の研究
物理学	①長岡半太郎：原子構造 ②田中館愛橘：地磁気	本多光太郎：KS磁石鋼
地震学	大森房吉：地震計	
天文学	木村栄：Z項の発見	

表Bおわり

＊**理化学研究所**…化学や物理の研究とその応用を目的としている民間の研究団体。1917年に政府の援助を受けて創立された。現在は独立行政法人として整備され，埼玉県和光市に本部がある。理研と略されることもある。

最後に押さえよう

最後に戦後についてもみておきましょう。

戦後の学問では，ノーベル賞を受賞した人物を押さえてください。21世紀になって多くのノーベル賞受賞者が誕生しましたが，とりあえずは1990年代まで押さえておきましょう。

あとは，政治学の**丸山真男**（まるやままさお），経済史学の**大塚久雄**（おおつかひさお），法社会学の**川島武宜**（かわしまたけよし）を押さえておきましょう。彼らの名前をみたら，戦後の学者だとわかるようにしておいてください。

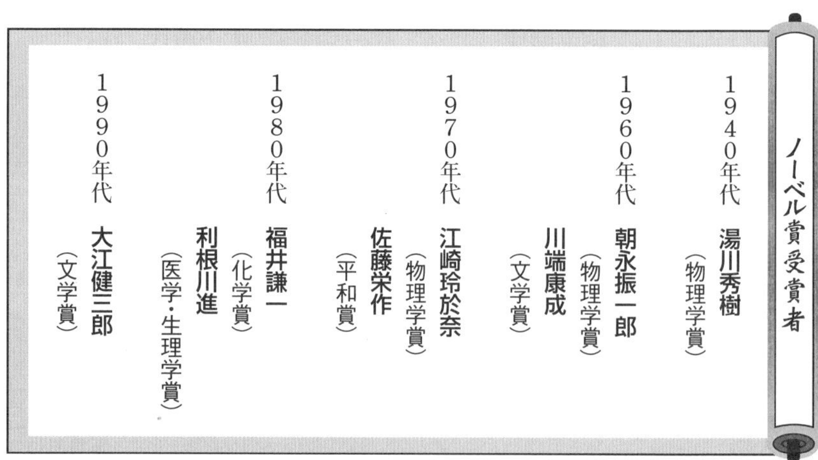

以上で，近現代の学問は終わりです。次はいよいよ最後です。第8章では，近現代の芸術や文学についてやりますよ。

第7章 これをチェック！ 近現代の文化1

おつかれさまでした。さあ，力がついたかどうか試してみましょう。各文化の代表的な名称をチェックして，間違えたら，もう一度本文に戻ってください。

近現代の思想・教育

1 1870年代は（文明開化）の時代

思想

❶ 1873年：（明六社）の結成
結成した主な人物は（森有礼）・（福沢諭吉）・（西周）・（加藤弘之）・（中村正直）

❷（福沢諭吉）は『（西洋事情）』や『学問のすゝめ』を著した

教育

❸ 1872年：（学制）の公布　→　（フランス）の学校制度にならう

❹ 1879年：（教育令）の公布　→　（アメリカ）流の教育制度を採用

2 1880年代は（自由民権）運動が盛り上がる

思想

❺（民権思想）の普及
→（中江兆民）は『（民約訳解）』を著し，「東洋のルソー」と呼ばれた

3 1880年代後半は西洋化への批判

思想

❻（国権論）の登場　→　（三宅雪嶺）は（政教社）を結成し近代的民族主義を唱えた

教育

❼ 1886年：（学校令）の公布　→　（森有礼）文部大臣が中心
→　国家主義重視の教育政策

4 1890年代は（対外膨張）論が主流に

思想

❽（徳富蘇峰）は平民的欧化主義から（対外膨張）論へ

❾（高山樗牛）は『太陽』を創刊し（日本主義）を唱えた

教育

❿ 1890年：（教育勅語）が出される　→　（忠君愛国）こそが学校教育の方針

近現代の学問

5 明治時代

⓫経済学　→　イギリスの経済学が導入されるが，実情に合わず
⓬哲学・倫理学　→　ドイツ哲学の研究が主流。明六社の(西周)など
⓭史学・民俗学　→　(久米邦武)が「神道は祭天の古俗」と論じる
⓮医学・薬学　→　(北里柴三郎)が伝染病研究所を創設
⓯物理学・地震学・天文学　→　(大森房吉)が地震計を発明

6 大正時代

⓰経済学　→　(マルクス主義)の研究がさかんになる
⓱哲学・倫理学　→　『善の研究』を著した(西田幾多郎)が独自の哲学体系をつくる
⓲史学・民俗学　→　(柳田国男)が(民俗学)を確立し，『遠野物語』を著す
⓳医学・薬学　→　(野口英世)が黄熱病を研究
⓴物理学・地震学・天文学　→　(本多光太郎)がKS磁石鋼を発明

さあ，最後に，第7章全体の表(P144～145)に戻ってください。最初はただの表だった。でも今なら，1つ1つの言葉の意味と表全体の流れが，はっきりみえると思いますよ！

近現代の文化 2

1868 ～戦後（1945 ～）

1868

メイン講義

第 1 部　近現代の美術
第 2 部　近現代の文学・芸術

テーマ講義

明治美術会

戦後
（1945 ～）

こんにちは，日本史の金谷です。金谷俊一郎です。

いよいよこの本も最後の章となります。第 8 章では，第 7 章で扱った学問や教育以外の分野についてお話しします。いろんな人物が出てきますが，時代順に説明していきます。整理しながら覚えていきましょう。

▼ 第8章　早わかり講義 ▼

Track	内容
15	第 1 部　近現代の美術
16	第 2 部　近現代の文学・芸術

URL ▶ https://www.toshin.com/tb_audio/xerp/　PW ▶ Tb852Bk

第8章ってどんなカンジ?

第８章は，内容が多くて大変ですが，１つ１つ整理できるようにちゃんとお話しします。授業の途中に，はさみで切り取られた表がまとめとして出てきます。この表は，あとで頭の整理に使ってくださいね。

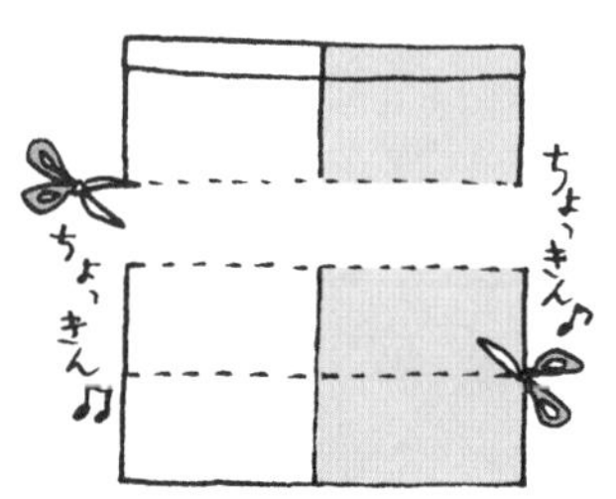

表A 近現代の美術

		美術
1 P180	1870年代	① 洋 工部美術学校
	1880年代	② 日 東京美術学校 中心人物：フェノロサ，岡倉天心 画家：狩野芳崖，橋本雅邦，菱田春草 ③ 洋 明治美術会 浅井忠：『収穫』
2 P184	1890年代	④ 洋 白馬会 黒田清輝，青木繁 ⑤ 日 日本美術院 中心人物：岡倉天心 画家：横山大観，下村観山
	1900年代	⑥文部省美術展覧会(文展)
	1910年代	⑦ 洋 フューザン会 岸田劉生 ⑧ 洋 二科会 梅原龍三郎，安井曽太郎 ⑨ 日 日本美術院の再興
	1920年代	⑩ 洋 春陽会 岸田劉生，梅原龍三郎

表B 近現代の文学

		文学
1 P188	1870年代	①戯作文学 仮名垣魯文『安愚楽鍋』
	1880年代	②政治小説 矢野龍溪，東海散士 ◆写実主義 坪内逍遙『小説神髄』 ③言文一致運動 二葉亭四迷『浮雲』 ④硯友社 尾崎紅葉，山田美妙
	1890年代	⑤ロマン主義：『文学界』 北村透谷，樋口一葉 ⑥理想主義 幸田露伴
2 P192	1900年代	⑦自然主義 島崎藤村，田山花袋 ⑧反自然主義 森鷗外，夏目漱石
	1910～20年代	⑨白樺派 武者小路実篤 ⑩耽美派：『スバル』 谷崎潤一郎，永井荷風 ⑪新思潮派 芥川龍之介，菊池寛 ⑫新感覚派：川端康成 ⑬大衆小説 中里介山，吉川英治 ⑭プロレタリア文学 葉山嘉樹，小林多喜二

表C　近現代の芸術

		明治時代	大正・昭和時代
1 P194	演劇	①歌舞伎：河竹黙阿弥 ②新派劇：川上音二郎 ③新劇 (1)文芸協会(坪内逍遙，島村抱月) (2)自由劇場(小山内薫)	①新国劇 ②浅草オペラ ③新劇 (1)芸術座(島村抱月，松井須磨子) (2)築地小劇場(小山内薫)
	音楽	①伊沢修二：東京音楽学校，唱歌 ②滝廉太郎：『荒城の月』	①日本交響楽協会：山田耕筰 ②流行歌：中山晋平，古賀政男
2 P198	彫刻	①高村光雲：『老猿』 ②荻原守衛：『女』	①高村光太郎：『手』 ②平櫛田中：『転生』
	詩歌・俳句	①ロマン主義文学 島崎藤村，与謝野晶子 ②石川啄木 ③正岡子規，高浜虚子 ④伊藤左千夫，長塚節	①高村光太郎：『道程』 ②萩原朔太郎：『月に吠える』 ③斎藤茂吉：『赤光』
	雑誌・出版	『太陽』，『中央公論』	①『改造』，『キング』 ②円本，岩波文庫
	その他	『横浜毎日新聞』(初の日刊新聞)	① 1925 年　ラジオ放送の開始 ②文化住宅

第8章 時代はここ!

世紀	時代 中国	時代 日本	文化	内閣総理大臣	主な出来事
	清	明治	文明開化		1868年 明治維新
			文明開化		1870年 『横浜毎日新聞』創刊
			文明開化		工部美術学校の設立
			文明開化		1883年 鹿鳴館落成
19			明治期の文化	伊藤博文（第１次）	『小説神髄』（坪内逍遙） 東京美術学校，東京音楽学校の設立
			明治期の文化	黒田清隆	1889年 大日本帝国憲法発布
			明治期の文化	伊藤博文（第２次）	1894年 日清戦争（～1895年） 白馬会の結成
			明治期の文化	大隈重信（第１次）	日本美術院の設立
			明治期の文化	桂太郎（第１次）	1904年 日露戦争（～1905年）
			明治期の文化	西園寺公望（第１次）	1907年 文部省美術展覧会の創設
	中華民国	大正	大正期の文化		1914年 第一次世界大戦（～1918年） 二科会の設置
20			大正期の文化	加藤高明	1925年 『キング』の創刊 ラジオ放送の開始
		昭和	昭和戦前期の文化	田中義一	『蟹工船』（小林多喜二）
			昭和戦前期の文化	東条英機	1941年 太平洋戦争（～1945年）

第１部　近現代の美術

近現代の芸術は？

表 A-1

さあ，今回は近現代の文化史の２回目。いよいよ，これで文化史も最後です。第８章では学問・教育以外の分野についてお話しします。様々な分野が出てきますが，大丈夫。時代順に追っていきましょう。

西洋美術の発展

それでは，さっそく美術の分野から始めましょう。美術は大きく分けて，**西洋美術**（西洋画）と**日本の伝統美術**（日本画）の２つの流れがあります。それぞれの流れをまとめると次のようになります。

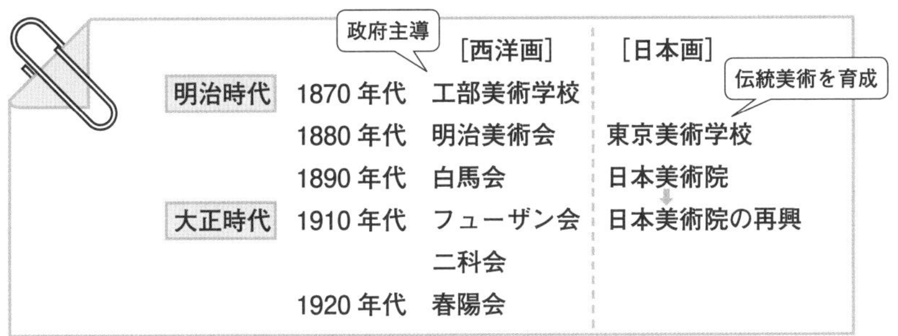

		［西洋画］	［日本画］
明治時代	1870 年代	工部美術学校	
	1880 年代	明治美術会	東京美術学校
	1890 年代	白馬会	日本美術院
大正時代	1910 年代	フューザン会	↓ 日本美術院の再興
		二科会	
	1920 年代	春陽会	

まず，1870 年代からみていきましょう。

明治時代のはじめは，とにかく政府が中心となってヨーロッパのものをドンドン取り入れる時期です。第７章でやりましたね。美術の世界においても同じです。政府の強い主導で西洋美術が発展していきます。

美術1

工部美術学校
外国人教授

東京美術学校
フェノロサ,
岡倉天心

明治美術会
浅井忠

政府は，1870年代に**工部美術学校**を設立します。この学校は外国人教師に西洋美術を教授させたものです。いわゆるお雇い外国人ですね。彫刻の**ラグーザ**，洋画の**フォンタネージ**などが教鞭を執りました。

また，政府はイタリア人の**キヨソネ**を招いて，銅版技術の指導にあたらせました。日本最初の普通切手は，キヨソネがデザインした版画です。

伝統美術の復興と西洋美術の停滞

けれども，1880年代になると状況は一転します。これまでは西洋美術を学ぼうという姿勢だったのが，美術界から西洋美術を除外し，日本の伝統美術を育成しようという姿勢にかわってきます。

なぜか？　実は当時ヨーロッパで日本画が非常に高い評価を受けていたのです。また第7章を思い出してください。1880年代後半は国権論が台頭してきましたね(→ P.151～152)。何でもかんでも西洋のものがいいんだ，という風潮から，ヨーロッパ流ではなく日本流でいくべきだ，という近代的民族主義が登場しました。この影響が美術界にも現れるのです。

伝統美術を育成する動きを支えた人物は，必ず押さえてください。アメリカ人の**フェノロサ**と，思想家の****岡倉天心**です。フェノロサは，第1章でお話しした薬師寺東塔を「凍れる音楽」と評したとされる人物です。東塔のてっぺんにほどこされた細かい彫刻をみて，「日本人はなんて繊

＊**岡倉天心**…美術評論家・思想家。アメリカの美術研究家・フェノロサとともに東京美術学校を設立，校長となる。のちに日本美術院を創立。明治日本画家の指導者として活躍した。著書に日本と東洋の目覚めを訴えた『東洋の理想』など。

細なんだ」ととても驚いたそうです。日本人の細やかな感性に心打たれたフェノロサは日本の伝統美術の復興に力を注ぎます。

この2人が中心となって開かれた学校が，**東京美術学校***です。一方，西洋美術を教える工部美術学校は1883年に閉鎖されてしまいます。東京美術学校は開校当時，西洋画を専門とする学科すら置かれませんでした。

日本画の代表的画家には，**狩野芳崖**と**橋本雅邦**がいます。芳崖と雅邦，「ほうほう」コンビですね。狩野芳崖は西洋画の手法を取り入れた仏画『**悲母観音**』，橋本雅邦は屏風絵の『**龍虎図**』が有名です。

橋本雅邦に学んだのが**菱田春草**です。西洋的色彩を取り入れた日本画『**落葉**』や『**黒き猫**』といった作品があります。

西洋美術では，日本の西洋画の開拓者である**高橋由一***が有名です。高橋由一の代表作は『**鮭**』です。

1880年代末には，日本初の西洋美術団体として**明治美術会**が結成されます。明治美術会の設立者の1人である**浅井忠**の名前は知っておいてください。浅井忠の代表作は『**収穫**』です。

＊**東京美術学校**…現在の東京藝術大学美術学部の前身で，1887年に岡倉天心らにより設立。絵画（日本画）・彫刻・美術工芸の3科で始まり，1896年には西洋画科などを増設。1949年に東京音楽学校と合併，現在の東京藝術大学となる。

テーマ1　明治美術会

西洋画は，日本の伝統画を重んじた動きによって一時停滞を余儀なくされてしまいます。

しかし，これには他にも理由があります。

明治美術会は工部美術学校の流れを汲んでいます。工部美術学校の先生たちが本国に帰されてしまったあと，残った生徒たちが設立しました。ラグーザやフォンタネージといった工部美術学校の先生は，みんなイタリア人でした。だから，明治美術会の絵はイタリアのルネサンス絵画の影響を受けています。その絵は「**脂派**」と呼ばれる非常に暗い絵なんです。

陰気で暗い絵は，あまり一般受けしませんでした。この時期に西洋画が停滞したのは，フェノロサらが日本画を重んじた運動を展開したことと，もう1つ，当時の西洋画の主流が暗めの絵だったからなのです。

表 A-1

	美術
1870 年代	① 洋 工部美術学校
1880 年代	② 日 東京美術学校 中心人物：フェノロサ，岡倉天心 画家：狩野芳崖，橋本雅邦，菱田春草 ③ 洋 明治美術会 浅井忠：『収穫』

表 A-2 につづく

ちょきん!

＊**高橋由一**…洋画家。蕃書調所で画家・川上冬崖や，イギリスの画家ワーグマンに学ぶ。また，工部美術学校教師として来日したイタリア人画家のフォンタネージに師事。静物画に迫力のある作品が多いが，風景画も多く残している。

西洋画の復活と日本画の様子

表A-2

ついで，1890年代に入ると日清戦争をきっかけに対外膨張論や日本主義がうまれてきます。これは前章でやりましたね。ヨーロッパのように日本も植民地をドンドン広げていこう，栄えていこうという雰囲気の中で，西洋美術の勢いが再び出てきます。なぜか？　それは，海外へ留学していた人々が帰国して新しい風を吹き込んだからです。彼らによって，これまでの暗いタッチの絵を描く「脂派」ではなく，フランス印象派に影響された明るい色彩の西洋画が日本に入ってきます。このような画風を「**外光派**」といいます。

この中心にいたのが***黒田清輝**です。黒田清輝はフランス印象派の画風を学んで，画壇の主流となった**白馬会**をつくります。代表作は『**読書**』『湖畔』です。白馬会では，**青木繁**の名前も押さえておきましょう。青木繁は『**海の幸**』という絵を描きます。

暗いタッチの絵から明るい絵が主流になった西洋画は，ブームになります。すると，これまで日本画科のみだった東京美術学校に西洋画科が新しく設けられました。黒田清輝はそこの教授となります。

* **黒田清輝**…洋画家。はじめ法律を研究するためフランスへ留学したが，途中で絵に転向，ラファエル=コランに学ぶ。『読書』は留学時の作品。帰国後は白馬会を結成し，東京美術学校の西洋画科の教授に就く。他にも『湖畔』などを残す。

美術2

白馬会 黒田清輝

日本美術院 岡倉天心

文展 登竜門

フューザン会 岸田劉生

二科会 梅原龍三郎, 安井曽太郎

日本美術院再興, 院展

春陽会 岸田劉生, 梅原龍三郎

その一方で，この動きに対して反発した人物がいます。岡倉天心です。東京美術学校は，日本画を重んじていました。なのに，いくらブームとはいえ，西洋画科をつくったのは許せない。岡倉天心は東京美術学校をやめて，菱田春草らとともに**日本美術院**を設立します。

日本美術院で押さえておきたいのは，***横山大観**と**下村観山**です。今度は「かんかん」コンビですね。東京美術学校は「ほうほう」，日本美術院は「かんかん」。日本美術院は岡倉天心がカンカンになってつくった，だから「かんかん」コンビ。ね，くだらなくてすみません。

文展の開設と新しい動き

さらに1900年代になると，牧野伸顕文部大臣によって**文部省美術展覧会**が開設されます。略して**文展**といいます。以後，日本美術界の登竜門となります。

文展で優秀な賞を取れば，一流の画家になれますが，そううまくはいかないものです。特に，斬新なものは評価が分かれます。音楽もそうですよね。若い人の好む音楽が，必ずしもお年寄りに理解されるとは限らない。このことを美術の世界にもあてはめて考えてみると，わかりやすいかと思います。

***横山大観**…日本画家。東京美術学校で岡倉天心に学び，のちに日本美術院の創立・再興に力を尽くす。日本画の近代化に大きな影響を残し，第1回文化勲章も受章した。代表作に『生々流転』や『無我』などがある。

そこで，1910年以降，大正時代になると伝統・権威主義的な文展に対抗する団体が出てきます。西洋画の**フューザン会**と**二科会***（にかかい）です。フューザン会は文展に真っ向から対立しますが，二科会はちょっと違います。これは，文展に入賞した西洋画の若手を中心にした団体です。二科会の中心人物は，『**紫禁城**（しきんじょう）』の**梅原龍三郎**（うめはらりゅうざぶろう），『**金蓉**（きんよう）』の**安井曽太郎**（やすいそうたろう）がいます。

ここで1つ押さえておきたいのが，岡倉天心がつくった日本美術院の動きです。日本美術院は，運営がうまくいかず一時期活動の場を地方に移しましたが，岡倉天心が逝去した翌年の1914年に横山大観らによって再興されます。なぜか？　それは，文展への反発です。日本美術院は東京美術学校に対抗してできましたね。再興の理由も対抗心からです。そして，**院展**（いんてん）という展覧会を独自に開きます。

けれども，今度はこの院展と対立してうまれた西洋画の団体があります。**春陽会**（しゅんようかい）です。春陽会には，『**麗子微笑**（れいこびしょう）』で有名な**岸田劉生***（きしだりゅうせい）や梅原龍三郎らも参加します。岸田劉生は，フューザン会の中心人物でもあります。

次のページにここまでの動きをまとめましたので，よく見ておいてくださいね。

*二科会…1914年に結成された美術団体。日本の洋画界の保守化に反発した若手によって設立される。新傾向の画家を受け入れ，東洋風の豪華な画風で知られる梅原龍三郎が参加。安井曽太郎は二科展に出品した作品でその地位を確立した。

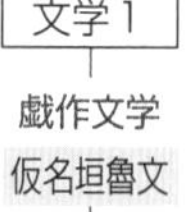

文学１
戯作文学
仮名垣魯文
政治小説
矢野龍溪，東海散士
写実主義
坪内逍遙
言文一致運動
二葉亭四迷
硯友社
尾崎紅葉，山田美妙

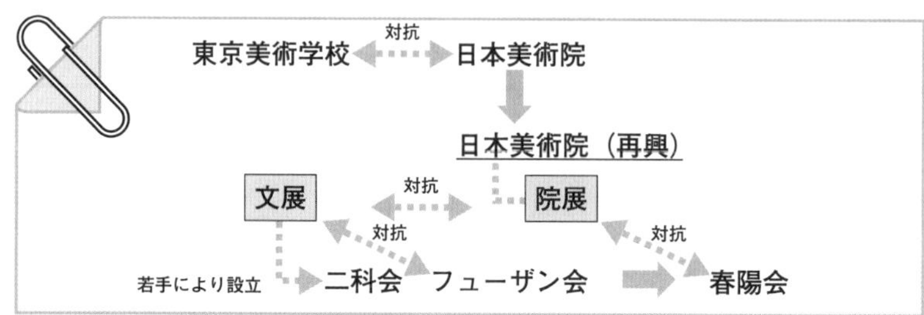

表 A-2

	美術
1890 **年代**	④ **洋** 白馬会 黒田清輝，**青木繁** ⑤ **日 日本美術院** **中心人物：岡倉天心** **画家：**横山大観，**下村観山**
1900 **年代**	⑥文部省美術展覧会（文展）
1910 **年代**	⑦ **洋 フューザン会** 岸田劉生 ⑧ **洋** 二科会 **梅原龍三郎，安井曽太郎** ⑨ **日 日本美術院の再興**
1920 **年代**	⑩ **洋 春陽会** **岸田劉生，梅原龍三郎**

表 A おわり

他に，日本画では**竹内栖鳳**（たけうちせいほう）と**土田麦僊**（つちだばくせん），**鏑木清方**（かぶらききよかた）が有名です。土田麦僊は竹内栖鳳の弟子です。また，大正時代は大衆文化が花開いた時代です。当時，庶民に人気のあった**竹久夢二**（たけひさゆめじ）も押さえておきましょう。

＊**岸田劉生**…洋画家。詩人で彫刻家の高村光太郎らとともにフューザン会を結成，のちに洋画団体・草土社（そうどしゃ）を創立した。晩年には肉筆浮世絵や宋元画（そうげんが）にも影響を受け，日本画も描く。独自の画風で娘を描いた『麗子微笑』が有名。

第2部　近現代の文学・芸術

近現代の文学は？

表B-1

次に，文学についてみていきましょう。1900年頃までの主な文学の流れは下のとおりです。

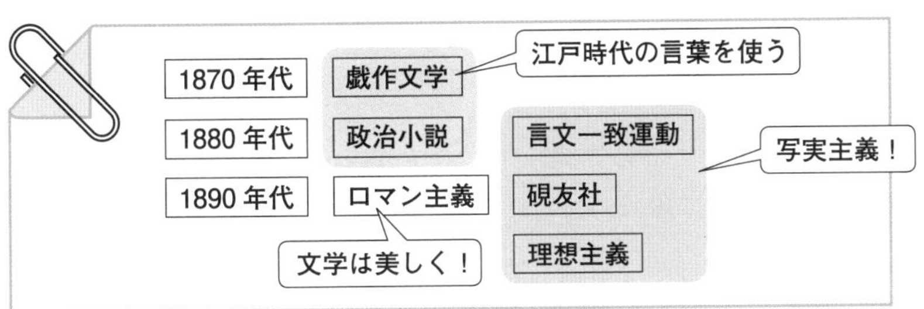

1870年代には，江戸時代以来の大衆文学を踏襲した**戯作文学**がうまれます。ここでちょっと復習。江戸時代，化政文化の文学には何がありましたか？　そう，滑稽本や読本ですね。その流れを汲むのが明治期の戯作文学です。

代表的な作家として，**『安愚楽鍋』**の**仮名垣魯文***を押さえておきましょう。戯作文学のモチーフは，**勧善懲悪**です。「最後に正義が勝つ！」というものです。

つづいて1880年代になると，自由民権運動がさかんになります。自由民権思想を宣伝するためにうまれたのが**政治小説**です。政治小説は戯作文学の勧善懲悪を取り入れます。**『経国美談』**の**矢野龍渓**，**『佳人之奇遇』**の**東海散士**などが代表的な作家です。

*＊**仮名垣魯文**…幕末から明治にかけて活躍した戯作者・新聞記者。幕末に滑稽本を著し，明治維新後は文明開化の様子を風刺的に描いた。流行した牛鍋屋に出入りする客を描き，当時の風俗を風刺した『安愚楽鍋』が代表作。

文学２

ロマン主義
北村透谷，樋口一葉

理想主義
幸田露伴

社会小説
徳冨蘆花

ところが，1880年代後半になると，このような風潮に対立する動きが出てきます。**写実主義**の登場です。

1880年代はどのような時代でしたか？　思想界では欧化主義に対する批判が出てきましたね（→P.151〜152）。第１部でお話しした美術の世界でも，西洋画から日本画に転換する時期でした。文学の世界でも，これまでのものを批判する動きが出てきたのです。

写実主義とは，西洋の文芸理論をもとにしたもので，人間の内面や世相をありのままに書こうというものです。**坪内逍遙**が発表した評論『**小説神髄**』で提唱されました。

写実主義は，**言文一致運動**をうみ出します。戯作文学など，これまでの小説は文語といって文章上でのみ用いられる言葉が使われていました。つまり，普段話すときに使っている言葉とは違うわけです。普段使っている言葉（言文一致体）で小説を書こうという試みが，言文一致運動です。言文一致体で書かれた小説に＊**二葉亭四迷**の『**浮雲**』があります。二葉亭四迷は，他にも翻訳書『**あひびき**』などを残しています。

写実主義からは言文一致運動の他に，**硯友社**も出てきます。硯友社の作家は，1880年代後半から1890年代に登場します。写実主義を掲げながらも，小説の大衆化を進めました。硯友社の中心人物は『**金色夜叉**』の**尾崎紅葉**です。他には『**夏木立**』の**山田美妙**がいます。

＊**二葉亭四迷**…小説家である坪内逍遙と交わり，知識人の苦悩を描いた『浮雲』を発表。ロシア文学の翻訳などと合わせて近代文学に影響を与えた。『朝日新聞』の特派員としてロシアに赴任したが，結核を患い帰国途中に船上で死去した。

ロマン主義文学が主流に

つづいて1890年代になると，感情や個性といったものを重んじる**ロマン主義文学***が文壇（ぶんだん）の主流となってきます。文学は美しくないとダメだという考えです。

ロマン主義文学の中心人物は，雑誌『**文学界**（ぶんがくかい）』を創刊した**北村透谷**（きたむらとうこく）です。北村透谷は厳密にいうと，小説家ではなく，いわばプロデューサーです。『文学界』が拠点となってロマン主義文学がさかんになります。

代表的作家には，『**にごりえ**』『**たけくらべ**』の**樋口一葉**（ひぐちいちよう），『**舞姫**（まいひめ）』『**即興詩人**（そっきょうしじん）』の**森鷗外**（もりおうがい），『**高野聖**（こうやひじり）』の**泉鏡花**（いずみきょうか）などがいます。国語の授業でも必ず一度は名前を聞いたことのある人ばかりですね。また，**理想主義**（りそうしゅぎ）がうまれるのもこの頃です。理想主義は，現実をありのままではなく理想に即して描写し，美的・倫理的に表現しようとしました。代表的作家には，『**五重塔**（ごじゅうのとう）』の**幸田露伴**（こうだろはん）がいます。

＊**ロマン主義文学**…18世紀末からヨーロッパにおこったロマン主義に影響を受け，展開した文学・芸術・思想の潮流。人間の感情や個性を重視し，自由や革新を主張した。

文学3

自然主義
島崎藤村

反自然主義
森鷗外，夏目漱石

表B-1

	文学
1870年代	①戯作文学 仮名垣魯文『安愚楽鍋』
1880年代	②政治小説 矢野龍溪，東海散士 ◆写実主義 坪内逍遙『小説神髄』 ③言文一致運動 二葉亭四迷『浮雲』 ④硯友社 尾崎紅葉，山田美妙
1890年代	⑤ロマン主義：『文学界』 北村透谷，樋口一葉 ⑥理想主義 幸田露伴

表B-2 につづく

ちょきん!

さらに，人道主義(じんどうしゅぎ)に立つ小説家も出てきます。思想のところで出てきた徳富蘇峰(とくとみそほう)がいましたね。彼の弟に**徳冨蘆花**(とくとみろか)という人物がいます。徳冨蘆花は『**不如帰**(ほととぎす)』などを発表します。徳富蘇峰の「富」と徳冨蘆花の「冨」は字が違うので注意してくださいね。

人間社会をありのままに……

表B-2

さて，日露戦争がおこった1900年代になると，**自然主義**(しぜんしゅぎ)がうまれます。先ほど，写実主義をやりましたね。写実主義は人間の内面や世相をあり

＊**島崎藤村**…詩人・小説家。評論家で詩人の北村透谷らとともに，文芸雑誌『文学界』を創刊。詩集『若菜集』を発表するなどロマン主義詩人として活躍したが，のちに小説『破戒』によって自然主義作家としての地位を確立した。

のまま描こうとするものでした。それに対して自然主義は，作者自身の醜(みにく)い姿や内面性などを暴露することで，人間社会の暗い現実をありのままに写し出そうとします。

中心人物は，国木田独歩(くにきだどっぽ)と**島崎藤村**(*しまざきとうそん)，**田山花袋**(たやまかたい)です。島崎藤村の『**破戒**(はかい)』は当時タブーとされていた部落差別問題を，田山花袋の『**蒲団**(ふとん)』は女弟子に対する欲情を書いたものです。あとは，国木田独歩の『**武蔵野**(むさしの)』は，武蔵野の自然を描いたものですが，彼ものちに自然主義文学の作家となっていきます。

自然主義の文学は，本来人々が隠しておきたい恥ずかしいことが書かれていることもあり，大人気になります。なかなか他の人が隠していることを知る機会はないですよね。こうして自然主義は文壇の主流となっていきます。

その一方で，自然主義と対立する反自然主義も出てきます。暗い現実ばかりを描くのではなく，もっと違った世界を描こうよ，という動きです。代表的な作家には『**吾輩は猫である**(わがはいはねこである)』の**夏目漱石**(*なつめそうせき)がいます。また，ロマン主義だった**森鷗外**もその1人で，『**阿部一族**(あべいちぞく)』といった歴史小説を出します。

第8章

＊**夏目漱石**…東大卒。正岡子規とは東大予備門からの仲。文部省留学生としてロンドンへ留学。帰国後，一高教授・東京帝国大学講師となる。『吾輩は猫である』などで文壇に登場。後年は，『こころ』など苦悩する近代知識人の内面を描いた。

白樺派の登場

文学４
白樺派
武者小路実篤

耽美派
谷崎潤一郎

新思潮派
芥川龍之介

新感覚派
川端康成

文学５
大衆小説
中里介山

プロレタリア文学
葉山嘉樹

つづいて，大正時代になると人道主義や理想主義を掲げた**白樺派**が出てきます。自然主義に対して，人のモラルに反するような理想のない小説を書くべきではないという考え方です。キリスト教の立場からこれらの主張がなされることもありました。

彼らは雑誌『白樺』を中心として活動したので，白樺派と呼ばれます。**『その妹』**の*****武者小路実篤**，**『或る女』**の**有島武郎**，**『暗夜行路』**の**志賀直哉**が代表的作家です。たとえば，武者小路実篤は男女の恋愛をつづった小説が多いのですが，人道主義にもとづいた純粋な恋愛を描いています。

一方，大正時代には白樺派以外にもたくさんの文学が出てきます。**耽美派**，**新思潮派**，それから**新感覚派**です。１つ１つみていきましょう。

まず，芸術至上主義の耽美派です。**『刺青』**の**谷崎潤一郎**が代表的作家で，雑誌**『スバル』**を中心としています。他に**『腕くらべ』**の**永井荷風**もいます。彼らは，現実を直視した醜い面ばかりを描く自然主義への反動から，官能的で美しい小説をめざしました。

次に，1910 年代半ばに出てくるのが新思潮派です。現実の矛盾を理知的に捉える新思潮派は，白樺派にかわって文壇の主流となります。**芥川龍之介**の**『羅生門』**は『今昔物語集』（→ P.49）を素材とした作品。**菊池寛**の**『父帰る』**は，妻子を捨てた父が 20 年ぶりに帰ってき

＊**武者小路実篤**…小説家・劇作家。学習院を経て東大中退。小説家である志賀直哉らとともに文芸雑誌『白樺』を創刊。人間愛を重んじる人道主義を主張し，その実践の場として「新しき村」を宮崎県に建設。

たときの心の葛藤を描いたものです。

最後に新感覚派です。新感覚派は耽美派と違って表現技法の新しさをめざします。**川端康成**（かわばたやすなり）の**『伊豆の踊子』**（いずのおどりこ）は若者のほのかな恋心を描きました。川端康成は日本ではじめてノーベル文学賞を受賞した作家です。

大衆文学とプロレタリア文学

それから，大正時代には娯楽性の高い**大衆小説**も出てきます。**吉川英治**（よしかわえいじ）の**『宮本武蔵』**（みやもとむさし）は剣豪宮本武蔵を題材にした小説，**中里介山**（なかざとかいざん）の**『大菩薩峠』**（だいぼさつとうげ）は，幕末の人斬り（ひとき）侍をテーマにした小説です。また，直木三十五（なおきさんじゅうご）は大衆文学の向上に貢献したとして，死の翌年に直木賞が創設され，大衆文学の登竜門となっていきます。

この頃は，社会主義が盛り上がってくる時代でもあります（→ P.164）。ここから，労働者文学である*****プロレタリア文学**がうまれます。**葉山嘉樹**（はやまよしき）の**『海に生くる人々』**は貨物船の乗組員の苦難を，**小林多喜二**（こばやしたきじ）の**『蟹工船』**（かにこうせん）は蟹をとって加工する船の船員の苦しさを，**徳永直**（とくながすなお）の**『太陽のない街』**は印刷所の労働者による労働争議を描いたプロレタリア文学の代表的な作品です。

＊**プロレタリア文学**…大正から昭和の初期にかけて流行。資本家や地主のような財産を持つ者（有産者）ではなく，労働の対価で得た賃金で生活をする無産者や農民の現実生活を描いた。1921年創刊の文芸雑誌『種蒔（ま）く人』を出発点とする。

演劇

歌舞伎

河竹黙阿弥

新派劇

川上音二郎

新劇

文芸協会,自由劇場,芸術座,築地小劇場

表B-2

	文学
ちょきん!	
1900 年代	⑦自然主義 島崎藤村,**田山花袋** ⑧反自然主義 森鷗外,夏目漱石
1910 〜 20 年代	⑨白樺派 武者小路実篤 ⑩耽美派:『スバル』 谷崎潤一郎,永井荷風 ⑪新思潮派 芥川龍之介,菊池寛 ⑫新感覚派:川端康成 **⑬大衆小説** **中里介山,吉川英治** **⑭プロレタリア文学** **葉山嘉樹,小林多喜二**

表Bおわり

近現代の演劇は?

表C-1

それでは,近現代の芸術をみていきましょう。マスターするコツは,明治時代か大正時代かで分けて押さえることです。

まず,演劇から。明治時代の演劇は,江戸時代からつづく歌舞伎(かぶき)と,明治時代になってできた**新派劇**(しんぱげき)と**新劇**(しんげき)です。歌舞伎は幕末・明治に活躍した**河竹黙阿弥**(かわたけもくあみ)が様々な作品を残し,明治時代の歌舞伎ブームをつくり出します。

＊**川上音二郎**…俳優。オッペケペー節を歌って,国会開設や憲法制定を要求する自由民権の思想を世間に広く知らしめた。妻とともに欧米を巡業,日本に西洋演劇を紹介し,明治新演劇運動の先駆者となる。

歌舞伎に対して，新派劇と新劇は文字どおり新しい演劇です。新派劇，新劇，ごっちゃにしないようにしましょう。新派劇は自由民権運動を題材とした**壮士芝居**を起源としたもので，明治時代の日本の世相などを描いたものです。歌舞伎が江戸時代を題材とするものが多かったので，歌舞伎より新しいという意味で新派です。新派劇の中心人物は＊**川上音二郎**です。

それに対して新劇は**西洋の近代劇を翻訳したもの**です。新劇では**坪内逍遙**や＊**島村抱月**を中心とした**文芸協会**と，**小山内薫**や二代目市川左団次を中心とした**自由劇場**などがうまれます。

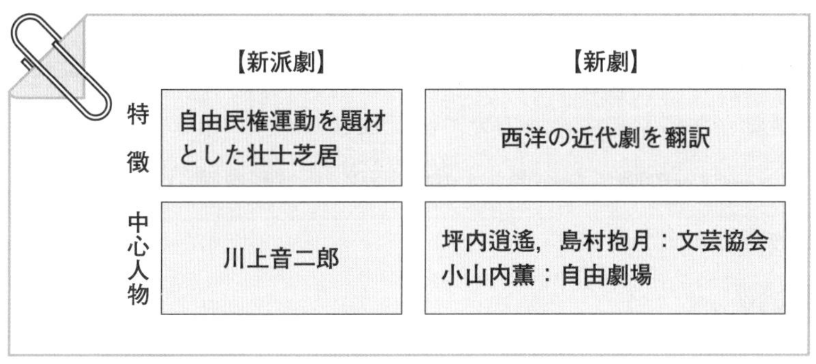

	【新派劇】	【新劇】
特徴	自由民権運動を題材とした壮士芝居	西洋の近代劇を翻訳
中心人物	川上音二郎	坪内逍遙，島村抱月：文芸協会 小山内薫：自由劇場

新劇は大正時代になってますますさかんになります。大正時代の新劇の中心は２つあります。１つは**島村抱月**や**松井須磨子**による**芸術座**。文芸協会の流れを汲んでいます。だから島村抱月の名前が出てくるんです。もう１つは**小山内薫**と**土方与志**による**築地小劇場**。こちらは自由劇場の流れを汲むので小山内薫の名前が再び登場します。

大正時代には，大衆演劇もさかんになります。歌舞伎のテイストを入

＊**島村抱月**…評論家・新劇の指導者。坪内逍遙とともに文芸協会を設立。文芸雑誌『早稲田文学』に参加し，自然主義運動を展開。1913年には女優の松井須磨子とともに劇団・芸術座を結成した。

音楽
明治時代
唱歌

大正時代
交響楽運動,
流行歌

彫刻
明治時代
高村光雲

大正時代
高村光太郎

れながらもっと大衆的な演劇にしようとした**新国劇**や，オペラを大衆的にした**浅草オペラ**が代表的です。また，この頃誕生した**宝塚少女歌劇**は今でも宝塚歌劇団として人々に親しまれています。

近現代の音楽は？

次に，音楽についてみてみましょう。

明治時代では，西洋音楽を模倣した＊**唱歌**が小学校教育に採用されます。唱歌を普及させた**伊沢修二**は，のちに東京音楽学校の初代校長となります。代表的な作曲家としては，**『荒城の月』**の**滝廉太郎**がいます。

大正時代以降は，**日本交響楽協会**を育成した**山田耕筰**らにより，交響楽運動がおこります。一方で，流行歌もつくられるようになります。**『カチューシャの唄』**を作曲した**中山晋平**や，**『影を慕いて』**を作曲した**古賀政男**らが出てきます。

表 C-1

	明治時代	大正・昭和時代
演劇	①歌舞伎：河竹默阿弥 ②新派劇：川上音二郎 ③新劇 ⑴文芸協会（坪内逍遙，島村抱月） ⑵自由劇場（小山内薫）	①新国劇 ②浅草オペラ ③新劇 ⑴芸術座（島村抱月，松井須磨子） ⑵築地小劇場（小山内薫）
音楽	①伊沢修二：東京音楽学校，唱歌 ②滝廉太郎：『荒城の月』	①日本交響楽協会：山田耕筰 ②流行歌：中山晋平，古賀政男

表 C-2 につづく

ちょきん！

＊**唱歌**…明治時代の音楽教育の教科名および歌曲そのもの。文部省が編さんした日本初の唱歌集『小学唱歌集』には，『蝶々』や『螢の光』，『仰げば尊し』など現在でもよく知られている歌が数多く含まれている。

その他の文化について

表C-2

彫刻，詩歌，俳句についても，まずは，明治時代のものか大正時代のものかといった識別ができることが大切です。表をみてしっかり確認しておきましょう。

まず，彫刻です。明治時代では，伝統的な彫刻と西洋的な彫塑(ちょうそ)に分かれます。伝統的な彫刻を代表する人物は**『老猿(ろうえん)』**の**高村光雲(たかむらこううん)**です。

一方，西洋的な彫塑では**荻原守衛(おぎわらもりえ)**がいます。**『女』**という作品が有名です。大正時代になると，高村光雲の息子の**高村光太郎(たかむらこうたろう)**が出てきます。代表的な作品は**『手』**です。光雲と光太郎，間違えないでくださいね。他に，**『転生(てんしょう)』**の**平櫛田中(ひらくしでんちゅう)**がいます。彼は高村光雲から木彫を学びます。

次に詩歌です。明治時代は文学同様，ロマン主義が詩歌の世界にも登場します。**島崎藤村**の詩集**『若菜集(わかなしゅう)』**や**与謝野晶子(よさのあきこ)**＊の短歌集**『みだれ髪(がみ)』**などが代表的です。与謝野晶子の『みだれ髪』は雑誌**『明星(みょうじょう)』**に掲載されます。

「あれ？　先生，島崎藤村は自然主義じゃなかったっけ？」

そう，そのとおり。島崎藤村は小説では自然主義です。けれども，もともとはロマン主義の詩歌でデビューした人物です。

他には，短歌集**『一握(いちあく)の砂』**で有名な**石川啄木(いしかわたくぼく)**がいます。石川啄木は『明星』などに詩を発表，のちに小説家を志しますが，挫折してしまいます。『一握の砂』は，そんな失意の中で書かれました。

＊**与謝野晶子**…歌人。独学で古典を学ぶ。与謝野鉄幹(よさのてっかん)の新詩社に参加し，雑誌『明星』で活躍。鉄幹とは大恋愛の末に結婚。日露戦争の際には，従軍した弟の無事を祈って，詩『君死にたまふこと勿れ』を発表した。

詩歌

明治時代
島崎藤村，与謝野晶子，石川啄木

大正時代
高村光太郎，萩原朔太郎

俳句

正岡子規『ホトトギス』

高浜虚子
伝統的俳句

大正時代になると，彫刻でも出てきた**高村光太郎**が詩集『**道程**』を発表します。彼は東京美術学校の彫刻科出身ですが，『明星』に短歌を載せるなど，文学の方面でも活躍しました。他に，詩集『**月に吠える**』などで有名な**萩原朔太郎**も押さえておきましょう。

また，***正岡子規**が俳句の革新と万葉調和歌の復興を進めます。正岡子規は，俳句をつくったというよりは，俳句雑誌『**ホトトギス**』の創刊に協力し，俳句の運動をおこした人物として捉えるといいでしょう。

この『ホトトギス』を引き継いだのが，門下の**高浜虚子**です。彼は伝統的な俳句を詠むべきだと主張しました。同じく門下の**伊藤左千夫**は，短歌雑誌『**アララギ**』を創刊します。伊藤左千夫は，小説『野菊の墓』も有名な人物です。正岡子規の門人では他に**長塚 節**がいます。彼は伊藤左千夫とともに短歌雑誌『**馬酔木**』を創刊しました。

この『馬酔木』に参加したのが**斎藤茂吉**です。彼は医者ですが，同時に大正時代を代表する歌人でもあります。短歌集『**赤 光**』を刊行，『アララギ』の編集に尽力するなど活躍します。

それでは，雑誌についてもみていきましょう。雑誌についても，明治時代のものか，大正時代のものかを把握してください。

＊**正岡子規**…俳人・歌人。歌論『歌よみに与ふる書』を著し，俳句・短歌の革新を提唱。出身地である四国松山で俳句雑誌『ホトトギス』で活躍し，近代俳壇に大きな影響を与える。門下には高浜虚子や伊藤左千夫などがいる。

『**太陽**』と『**中央公論**』は明治時代に創刊,『**改造**』と大衆雑誌の『**キング**』は大正時代のものです。週刊誌が登場したのも大正時代です。また,時代が大正から昭和へと移る頃には,1冊1円の**円本**や,安価で世界の名作を読むことができる**岩波文庫**もうまれました。

つづいては,新聞や放送,生活についてです。同じように,時代別で識別することを中心に押さえておきましょう。

明治時代には初の日刊新聞となる『**横浜毎日新聞**』が創刊されます。大正時代には,ラジオ放送が開始されました。ラジオ放送は1925年に始まり,翌1926年には日本放送協会(NHK)が発足します。ラジオの民間放送が始まったのは戦後の1951年のことです。ちなみに,テレビ放送の開始も戦後で1953年からとなります。

生活については,明治時代になって西洋化が進みます。文明開化ですね。食生活の変化,鉄道の発達,電信(電話や電報)の整備などですね。

大正時代に入ると,中流以上の家庭において和洋折衷の*文化住宅**が流行します。都市部だけでなく農村部にも電灯が普及し,都市では水道やガスなどの社会資本(インフラ)整備が進みました。

＊**文化住宅**…大正から昭和初期にかけて流行した住宅の様式。ガラス戸や赤瓦の屋根を使い,洋風の応接間を置いた和洋折衷の住宅で,主に都市部に暮らすサラリーマンなどが住んでいた。

雑誌

明治時代
『太陽』，『中央公論』

大正時代
『改造』，『キング』

新聞，放送

明治時代
『横浜毎日新聞』

大正時代
ラジオ放送

表C-2

	明治時代	大正・昭和時代
彫刻	高村光雲：『老猿』 荻原守衛：『女』	高村光太郎：『手』 平櫛田中：『転生』
詩歌・俳句	①ロマン主義文学 島崎藤村，与謝野晶子 ②石川啄木 ③正岡子規，高浜虚子 ④伊藤左千夫，長塚節	①高村光太郎：『道程』 ②萩原朔太郎：『月に吠える』 ③斎藤茂吉：『赤光』
雑誌・出版	『太陽』，『中央公論』	①『改造』，『キング』 ②円本，岩波文庫
その他	『横浜毎日新聞』（初の日刊新聞）	① 1925 年　ラジオ放送の開始 ②文化住宅

表Cおわり

明治時代の建築についても少しみておきましょう。明治時代の建築で押さえておきたい人物はイギリス人の**コンドル**です。彼は**ニコライ堂**を設計します。現在，ニコライ堂は東京の御茶ノ水駅を降りたところにありますが，これは関東大震災後に再建されたものです。

コンドルの教えを受けたのが**辰野金吾**（たつのきんご）と**片山東熊**（かたやまとうくま）です。辰野金吾は**日本銀行本店**を，片山東熊は**赤坂離宮**（あかさかりきゅう）を設計しました。

最後に，戦後の文化について少しお話ししておきます。

文学の世界では，**太宰治***（だざいおさむ）の『**斜陽**』（しゃよう）や，**坂口安吾**（さかぐちあんご）の『**白痴**』（はくち）など戦争に打ちひしがれた人々の内面を描いた小説が多く発表されます。戦争の終結により今までの社会常識がぐるっと180度転換したことで，常識

***太宰治**…小説家。独特の作風を持つ小説家の井伏鱒二（いぶせますじ）に学び，自虐的で世間一般の生き方に反抗するような作品を多く発表した。代表作には『人間失格』や『斜陽』などがある。

って何なんだろうという発想が人々の中に出てくるわけですね。それに敢然(かんぜん)と立ち向かったのが，これらの小説です。

また，戦後は映画が黄金期を迎えます。海外でも評価の高い**『羅生門』**の**黒澤明**(くろさわあきら)が登場します。これは芥川龍之介の同名の小説を題材としたもので，ヴェネツィア国際映画祭で金獅子賞を受賞します。他に，ストーリー漫画を創作した**手塚治虫**(てづかおさむ)も押さえておきましょう。

というわけで，第８章，そして文化史の講義はこれまで。文化史も「なぜ」と「流れ」を理解しながら覚えていくことが大切です。文化史を知らないなんて大変もったいない。入試では，文化史がよく出題されます。文化まで含めた時代の背景知識を身につけることが日本史の問題を解くうえで大事になるのです。ぜひ本書でしっかりと文化史を覚えて入試に臨んでください。

もちろん，『金谷の日本史 「なぜ」と「流れ」がわかる本』シリーズの「原始・古代史」，「中世・近世史」，「近現代史」で歴史の流れをしっかり押さえることも忘れないでくださいね。

第8章 これをチェック！ 近現代の文化２

おつかれさまでした。これで最後です。力がついたかどうか試してみましょう。各文化の代表的な名称をチェックして，間違えたら，もう一度本文に戻ってください。

近現代の美術

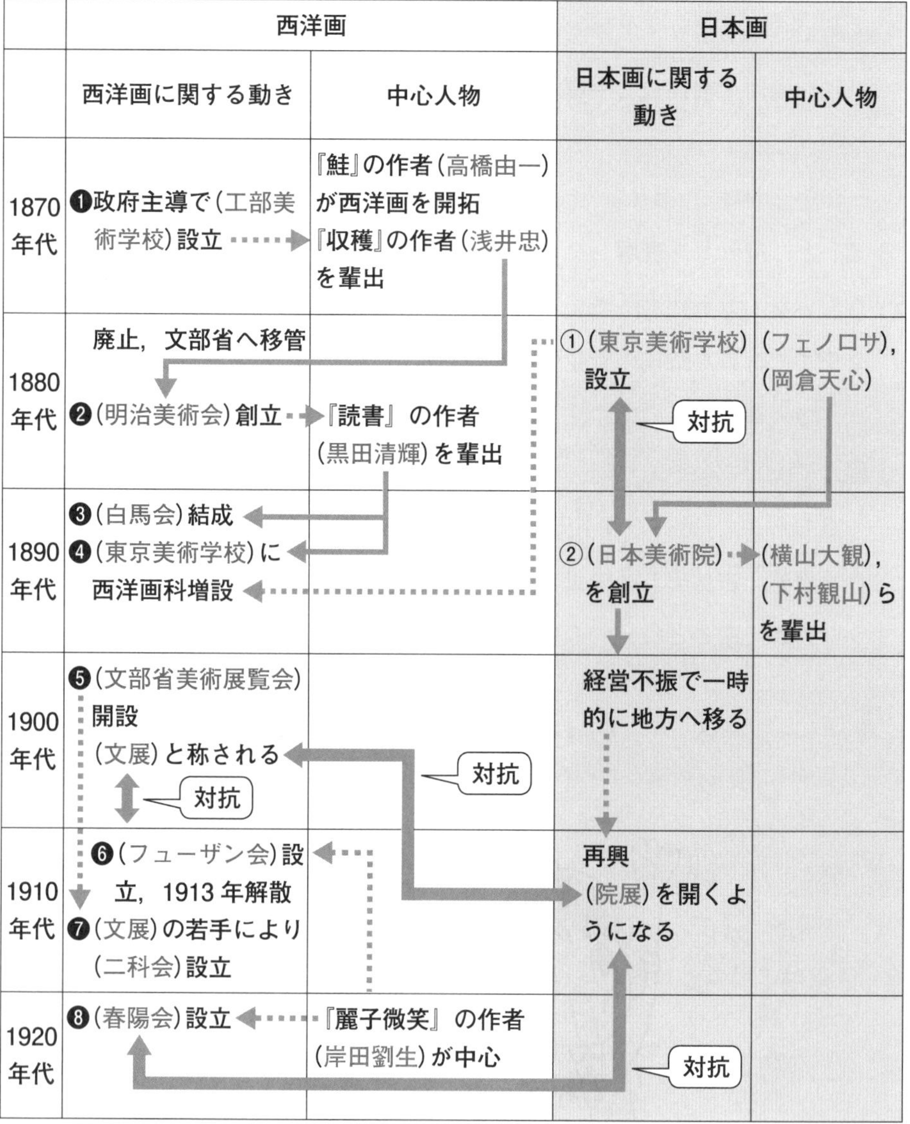

	西洋画		日本画	
	西洋画に関する動き	中心人物	日本画に関する動き	中心人物
1870年代	❶政府主導で（工部美術学校）設立	『鮭』の作者（高橋由一）が西洋画を開拓 『収穫』の作者（浅井忠）を輩出		
1880年代	廃止，文部省へ移管 ❷（明治美術会）創立	『読書』の作者（黒田清輝）を輩出	①（東京美術学校）設立	（フェノロサ），（岡倉天心）
1890年代	❸（白馬会）結成 ❹（東京美術学校）に西洋画科増設		②（日本美術院）を創立	（横山大観），（下村観山）らを輩出
1900年代	❺（文部省美術展覧会）開設 （文展）と称される		経営不振で一時的に地方へ移る	
1910年代	❻（フューザン会）設立，1913年解散 ❼（文展）の若手により（二科会）設立		再興 （院展）を開くようになる	
1920年代	❽（春陽会）設立	『麗子微笑』の作者（岸田劉生）が中心		

近現代の文学

❾ 1870 年代：(戯作文学) の誕生 ➡ 『安愚楽鍋』(仮名垣魯文)

❿ 1880 年代：(政治小説) の誕生 ⬅ 自由民権論の宣伝

⬇ 反発！

(写実主義) の登場

(言文一致運動) へ ➡ 『浮雲』(二葉亭四迷)

(硯友社) の登場 ➡ 中心は (尾崎紅葉)，山田美妙

⓫ 1890 年代：(ロマン主義) 文学が主流に ➡ 『文学界』(北村透谷)

代表作家には，(樋口一葉) や森鷗外，泉鏡花など

⓬ 1900 年代：(自然主義) の誕生 ➡ 『破戒』(島崎藤村) など

⓭ 1910 ～ 20 年代：(白樺派) の登場 ➡ (武者小路実篤)，(有島武郎)，志賀直哉など

さあ，最後に，第８章全体の表(P174 ～ 175)に戻ってください。最初はただの表だった。でも今なら，１つ１つの言葉の意味と表全体の流れが，はっきりみえると思いますよ！

さくいん(50音順)

Special Information

本書の「オーディオブック」がついに登場！

因果関係の理解を追求した絶妙な語り口で日本史の「なぜ」と「流れ」がよくわかる！　多くの高校生・受験生から圧倒的な支持を受ける『金谷の日本史「なぜ」と「流れ」がわかる本【改訂版】』の「原始・古代史」「中世・近世史」「近現代史」「文化史」が，ついにオーディオブックになりました。

オーディオブックって？

書籍に書かれた内容をナレーターが一言一句読み上げていく，音声ツールのことです。通常の本は書かれていることを目で認識し内容を理解しますが，オーディオブックは耳から情報を取得するため，**「聴く本」**ともいわれています。**「ながら聴き」**が可能なので，十分な学習時間を確保することが難しい多忙な人にとって最適な学習ツールといえるでしょう。

また，読書が苦手で最後まで読み切ることが難しい人も，音声なら聴いているだけなので，読めない漢字につまずくこともなく，楽しく進めることができます。倍速で聴いたり，わからないところだけ何度も繰り返し聴いたりと，**自分のペースで学習できる**のもオーディオブックの利点です。

日本史の「なぜ」と「流れ」が自然と頭に入るよう，ナレーションにも工夫を凝らしました。ナレーションは著者の金谷俊一郎先生による完全監修です。そのため単に聴き心地が良いだけではなく，**耳に残り頭に残る，学習効果の高い**朗読に仕上がりました。ぜひ一度，オーディオブックの素晴らしさを体験してみてください。

オーディオブック紹介

金谷の日本史「なぜ」と「流れ」がわかる本【改訂版】文化史

著者：金谷 俊一郎

ナレーター：青木 めぐ，堀宮 菜々子，杣 まそ，萬 海歌，島田 優理子，曽根 さとみ，田中 なずな，山城 絢奈

再生時間：4 時間 14 分

価格：1,100円（税込）

オーディオブック購入のご案内

『金谷の日本史「なぜ」と「流れ」がわかる本【改訂版】』のオーディオブックは，右のQRコードのサイトから購入可能。AmazonのAudible会員なら聴き放題です。

「文化史」以外も好評発売中！

原始・古代史

再生時間：3 時間 40 分

価格：1,320円（税込）

中世・近世史

再生時間：3 時間 45 分

価格：1,320円（税込）

近現代史

再生時間：5 時間 45 分

価格：1,320円（税込）

「かなや放送」好評配信中！

長年受験生に寄り添ってきた金谷俊一郎先生が，YouTubeチャンネル「かなや放送」を開設！　受験勉強で疑問に思うことや悩みがあれば，ぜひ動画を見てみてくださいね。

［名人の授業シリーズ］

金谷の日本史 改訂版
「なぜ」と「流れ」がわかる本 文化史

発行日　：2020年 8 月 1 日 初版発行
　　　　　2024年11月14日 第12版発行

著者　：金谷俊一郎
発行者　：永瀬昭幸

編集担当　：中島亜佐子
発行所　：株式会社ナガセ
〒180-0003 東京都武蔵野市吉祥寺南町 1-29-2
出版事業部（東進ブックス）
TEL：0422-70-7456　FAX：0422-70-7457
www.toshin.com/books/（東進WEB書店）
※本書を含む東進ブックスの最新情報は、東進WEB書店をご覧ください。

校閲協力　：弓倉均司
制作協力　：伊奈裕貴　三輪勇海　矢野優莉子　山村晟洸
本文イラスト・
見返しデザイン：水野歌
カバーデザイン：山口勉
カバーイラスト（影絵）：新谷圭子
DTP・印刷・製本：日経印刷株式会社
音声収録・編集：一般財団法人 英語教育協議会（ELEC）

ISBN978-4-89085-852-1　C7321

合格の秘訣1

全国屈指の実力講師陣

東進の実力講師陣 数多くのベストセラー参考書を執筆!!

東進ハイスクール・東進衛星予備校では、そうそうたる講師陣が君を熱く指導する！

本気で実力をつけたいと思うなら、やはり根本から理解させてくれる一流講師の授業を受けることが大切です。東進の講師は、日本全国から選りすぐられた大学受験のプロフェッショナル。何万人もの受験生を志望校合格へ導いてきたエキスパート達です。

英語

本物の英語力をとことん楽しく！日本の英語教育をリードするMr.4Skills.

安河内 哲也先生［英語］

100万人を魅了した予備校界のカリスマ。抱腹絶倒の名講義を見逃すな！

今井 宏先生［英語］

爆笑と感動の世界へようこそ。「スーパー速読法」で難解な長文も速読即解！

渡辺 勝彦先生［英語］

雑誌『TIME』やベストセラーの翻訳も手掛け、英語界でその名を馳せる実力講師。

宮崎 尊先生［英語］

いつのまにか英語を得意科目にしてしまう、情熱あふれる絶品授業！

大岩 秀樹先生［英語］

全世界の上位5％(PassA)に輝く、世界基準のスーパー実力講師！

武藤 一也先生［英語］

関西の実力講師が、全国の東進生に「わかる」感動を伝授。

慎 一之先生［英語］

数学

数学を本質から理解し、あらゆる問題に対応できる力を与える珠玉の名講義！

志田 晶先生［数学］

論理力と思考力を鍛え、問題解決力を養成。多数の東大合格者を輩出！

青木 純二先生［数学］

「ワカル」を「デキル」に変える新しい数学は、君の思考力を刺激し、数学のイメージを覆す！

松田 聡平先生［数学］

明快かつ緻密な講義が、君の「自立した数学力」を養成する！

寺田 英智先生［数学］

国語

「脱・字面読み」トレーニングで、「読む力」を根本から改革する！

輿水 淳一先生
[現代文]

明快な構造板書と豊富な具体例で必ず君を納得させる！「本物」を伝える現代文の新鋭。

西原 剛先生
[現代文]

東大・難関大志望者から絶大なる信頼を得る本質の指導を追究。

栗原 隆先生
[古文]

ビジュアル解説で古文を簡単明快に解き明かす実力講師。

富井 健二先生
[古文]

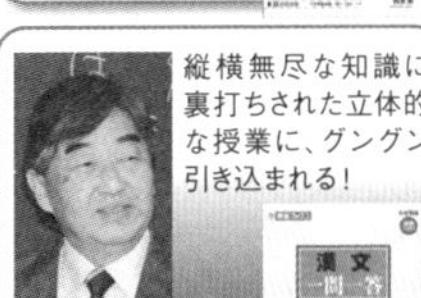
縦横無尽な知識に裏打ちされた立体的な授業に、グングン引き込まれる！

三羽 邦美先生
[古文・漢文]

幅広い教養と明解な具体例を駆使した緩急自在の講義。漢文が身近になる！

寺師 貴憲先生
[漢文]

小論文、総合型、学校推薦型選抜のスペシャリストが、君の学問センスを磨き、執筆プロセスを直伝！
正司 光範先生
[小論文]

文章で自分を表現できれば、受験も人生も成功できますよ。「笑顔と努力」で合格を！

石関 直子先生
[小論文]

理科

正しい道具の使い方で、難問が驚くほどシンプルに見えてくる！

宮内 舞子先生
[物理]

化学現象を疑い化学全体を見通す"伝説の講義"は東大理三合格者も絶賛。

鎌田 真彰先生
[化学]

「なぜ」をとことん追究し「規則性」「法則性」が見えてくる大人気の授業！
立脇 香奈先生
[化学]

「いきもの」をこよなく愛する心が君の探究心を引き出す！生物の達人。
飯田 高明先生
[生物]

地歴公民

歴史の本質に迫る授業と、入試頻出の「表解板書」で圧倒的な信頼を得る！
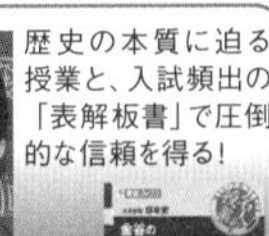
金谷 俊一郎先生
[日本史]

つねに生徒と同じ目線に立って、入試問題に対する的確な思考法を教えてくれる。

井之上 勇先生
[日本史]

"受験世界史に荒巻あり"と言われる超実力人気講師！世界史の醍醐味を。

荒巻 豊志先生
[世界史]

世界史を「暗記」科目だなんて言わせない。正しく理解すれば必ず伸びることを一緒に体感しよう。
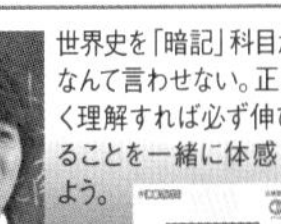
加藤 和樹先生
[世界史]

どんな複雑な歴史も難問も、シンプルな解説で本質から徹底理解できる。
清水 裕子先生
[世界史]

わかりやすい図解と統計の説明に定評。

山岡 信幸先生
[地理]

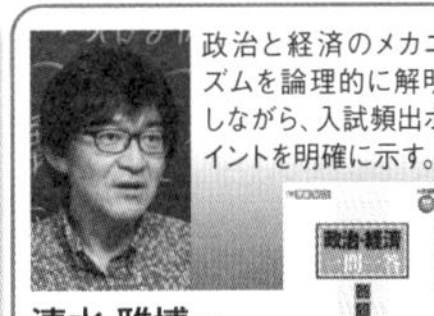
政治と経済のメカニズムを論理的に解明しながら、入試頻出ポイントを明確に示す。

清水 雅博先生
[公民]

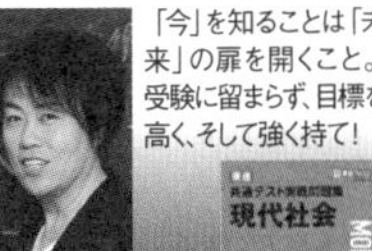
「今」を知ることは「未来」の扉を開くこと。受験に留まらず、目標を高く、そして強く持て！
執行 康弘先生
[公民]

※書籍画像は2024年10月末時点のものです。

合格の秘訣2

ココが違う 東進の指導

01 人にしかできないやる気を引き出す指導

夢と志は志望校合格への原動力！

夢・志を育む指導

東進では、将来を考えるイベントを毎月実施しています。夢・志は大学受験のその先を見据える、学習のモチベーションとなります。仲間とワクワクしながら将来の夢・志を考え、さらに志を言葉で表現していく機会を提供します。

一人ひとりを大切に 君を個別にサポート

担任指導

東進が持つ豊富なデータに基づき君だけの合格設計図をともに考えます。熱誠指導でどんな時でも君のやる気を引き出します。

受験は団体戦！ 仲間と努力を楽しめる

チーム制

東進ではチームミーティングを実施しています。週に1度学習の進捗報告や将来の夢・目標について語り合う場です。一人じゃないから楽しく頑張れます。

現役合格者の声

東京大学 文科一類
中村 誠雄くん
東京都 私立 駒場東邦高校卒

林修先生の現代文記述・論述トレーニングは非常に良質で、大いに受講する価値があると感じました。また、担任指導やチームミーティングは心の支えでした。現状を共有でき、話せる相手がいることは、東進ならではで、受験という本来孤独な闘いにおける強みだと思います。

02 人間には不可能なことを AI が可能に

学力×志望校 一人ひとりに最適な演習をAIが提案！

AI演習

東進のAI演習講座は2017年から開講していて、のべ100万人以上の卒業生の、200億題にもおよぶ学習履歴や成績、合否等のビッグデータと、各大学入試を徹底的に分析した結果等の教務情報をもとに年々その精度が上がっています。2024年には全学年にAI演習講座が開講します。

AI演習講座ラインアップ

高3生 苦手克服＆得点力を徹底強化！

「志望校別単元ジャンル演習講座」
「第一志望校対策演習講座」
「最難関4大学特別演習講座」

高2生 大学入試の定石を身につける！

「個人別定石問題演習講座」

高1生 素早く、深く基礎を理解！

「個人別基礎定着問題演習講座」 2024年夏 新規開講

現役合格者の声

千葉大学 医学部医学科
寺嶋 伶旺くん
千葉県立 船橋高校卒

高1の春に入学しました。野球部と両立しながら早くから勉強をする習慣がついていたことは僕が合格した要因の一つです。「志望校別単元ジャンル演習講座」は、AIが僕の苦手を分析して、最適な問題演習セットを提示してくれるため、集中的に弱点を克服することができました。

東進ハイスクール 在宅受講コースへ

「遠くて東進の校舎に通えない……」。そんな君も大丈夫！ 在宅受講コースなら自宅のパソコンを使って勉強できます。ご希望の方には、在宅受講コースのパンフレットをお送りいたします。お電話にてご連絡ください。学習・進路相談も随時可能です。 **0120-531-104**

03 本当に学力を伸ばすこだわり

楽しい！わかりやすい！そんな講師が勢揃い

わかりやすいのは当たり前！おもしろくてやる気の出る授業を約束します。1・5倍速×集中受講の高速学習。そして、12レベルに細分化された授業を組み合わせ、スモールステップで学力を伸ばす君だけのカリキュラムをつくります。

英単語1800語を最短1週間で修得！

基礎・基本を短期間で一気に身につける「高速マスター基礎力養成講座」を設置しています。オンラインで楽しく効率よく取り組めます。

本番レベル・スピード返却学力を伸ばす模試

常に本番レベルの厳正実施。合格のために何をすべきか点数でわかります。WEBを活用し、最短中3日の成績表スピード返却を実施しています。

パーフェクトマスターのしくみ

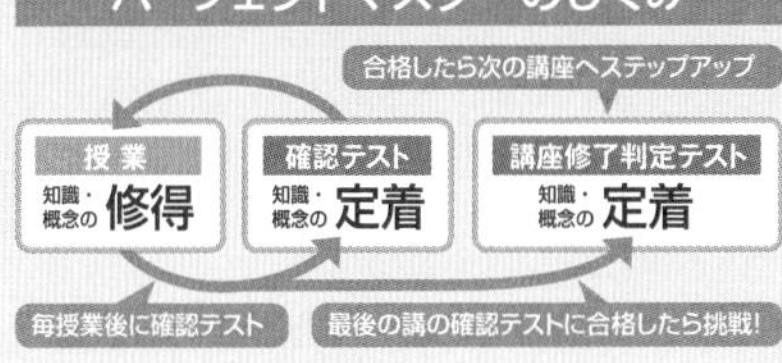

現役合格者の声

早稲田大学 基幹理工学部
津行 陽奈さん
神奈川県 私立 横浜雙葉高校卒

私が受験において大切だと感じたのは、長期的な積み重ねです。基礎力をつけるために「高速マスター基礎力養成講座」や授業後の「確認テスト」を満点にすること、模試の復習などを積み重ねていくことでどんどん合格に近づき合格することができたと思っています。

ついに登場！

君の高校の進度に合わせて学習し、定期テストで高得点を取る！

高校別対応の個別指導コース

目指せ！「定期テスト」20点アップ！学年順位も急上昇!!

楽しく、集中が続く、授業の流れ

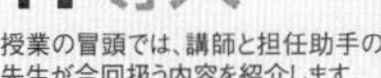

1. 導入

授業の冒頭では、講師と担任助手の先生が今回扱う内容を紹介します。

2. 授業

約15分の授業でポイントをわかりやすく伝えます。要点はテロップでも表示されるので、ポイントがよくわかります。

3. まとめ

授業が終わったら、次は確認テスト。その前に、授業のポイントをおさらいします。

合格の秘訣3

東進模試

申込受付中
※お問い合わせ先は付録7ページをご覧ください。

学力を伸ばす模試

本番を想定した「厳正実施」
統一実施日の「厳正実施」で、実際の入試と同じレベル・形式・試験範囲の「本番レベル」模試。
相対評価に加え、絶対評価で学力の伸びを具体的な点数で把握できます。

12大学のべ42回の「大学別模試」の実施
予備校界随一のラインアップで志望校に特化した"学力の精密検査"として活用できます(同日・直近日体験受験を含む)。

単元・ジャンル別の学力分析
対策すべき単元・ジャンルを一覧で明示。学習の優先順位がつけられます。

最短中5日で成績表返却
WEBでは最短中3日で成績を確認できます。※マーク型の模試のみ

合格指導解説授業
模試受験後に合格指導解説授業を実施。重要ポイントが手に取るようにわかります。

2024年度

東進模試 ラインアップ

共通テスト対策
- 共通テスト本番レベル模試 …… 全4回
- 全国統一高校生テスト〈全学年統一部門〉〈高2生部門〉〈高1生部門〉 …… 全2回

同日体験受験
- 共通テスト同日体験受験 …… 全1回

記述・難関大対策
- 早慶上理・難関国公立大模試 全5回
- 全国有名国公私大模試 …… 全5回
- 医学部82大学判定テスト …… 全2回

基礎学力チェック
- 高校レベル記述模試〈高2〉〈高1〉 …… 全2回
- 大学合格基礎力判定テスト …… 全4回
- 全国統一中学生テスト〈全学年統一部門〉〈中2生部門〉〈中1生部門〉 …… 全2回
- 中学学力判定テスト〈中2生〉〈中1生〉 …… 全4回

※ 2024年度に実施予定の模試は、今後の状況により変更する場合があります。
最新の情報はホームページでご確認ください。

大学別対策
- 東大本番レベル模試 …… 全4回
- 高2東大本番レベル模試 全4回
- 京大本番レベル模試 …… 全4回
- 北大本番レベル模試 …… 全2回
- 東北大本番レベル模試 …… 全2回
- 名大本番レベル模試 …… 全3回
- 阪大本番レベル模試 …… 全3回
- 九大本番レベル模試 …… 全3回
- 東工大本番レベル模試[第1回]
東京科学大本番レベル模試[第2回] 全2回
- 一橋大本番レベル模試 …… 全2回
- 神戸大本番レベル模試 …… 全2回
- 千葉大本番レベル模試 …… 全1回
- 広島大本番レベル模試 …… 全1回

同日体験受験
- 東大入試同日体験受験 …… 全1回
- 東北大入試同日体験受験 …… 全1回
- 名大入試同日体験受験 …… 全1回

直近日体験受験 …… 各1回
- 京大入試 直近日体験受験
- 北大入試 直近日体験受験
- 阪大入試 直近日体験受験
- 九大入試 直近日体験受験
- 東京科学大入試 直近日体験受験
- 一橋大入試 直近日体験受験

2024年 東進現役合格実績
受験を突破する力は未来を切り拓く力!

東大現役合格実績日本一[※1] 6年連続800名超!

※1 2023年東大現役合格実績をホームページ・パンフレット・チラシ等で公表している予備校の中で最大(2023年JDnet調べ)。

東大834名

文科一類 118名　理科一類 300名
文科二類 115名　理科二類 121名
文科三類 113名　理科三類 42名
学校推薦型選抜 25名

東進生現役占有率 834 / 2,284
36.5%

全現役合格者に占める東進生の割合
2024年の東大全体の現役合格者は2,284名。東進の現役合格者は834名。東進生の占有率は36.5%。現役合格者の2.8人に1人が東進生です。

学校推薦型選抜も東進!
東大25名

学校推薦型選抜 現役合格者の27.7%が東進生!
推薦入試でも東進生現役占有率 27.7%

法学部 4名　工学部 8名
経済学部 1名　理学部 4名
文学部 1名　薬学部 2名
教育学部 1名　医学部医学科 1名
教養学部 3名

京大493名 昨対+21名

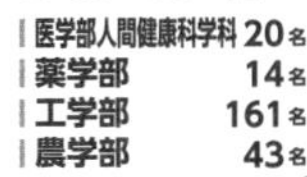

総合人間学部 23名
文学部 37名
教育学部 10名
法学部 56名
経済学部 49名
理学部 52名
医学部医学科 28名
医学部人間健康科学科 20名
薬学部 14名
工学部 161名
農学部 43名
特色入試(上記に含む) 24名

早慶5,980名 昨対+239名

早稲田大 3,582名 史上最高!※2
政治経済学部 472名
法学部 354名
商学部 297名
文化構想学部 276名
理工3学部 752名
他 1,431名

慶應義塾大 2,398名 史上最高!※2
法学部 290名
経済学部 368名
商学部 487名
理工学部 576名
医学部 39名
他 638名

医学部医学科 1,800名 昨対+9名

国公立医・医 1,033名 防衛医科大学校を含む
私立医・医 767名 史上最高!※2

国公立医・医 1,033名 防衛医科大学校を含む

東京大 43名　名古屋大 28名　筑波大 21名　横浜市立大 14名　神戸大 30名
京都大 28名　大阪大 23名　千葉大 25名　浜松医科大 19名　その他
北海道大 18名　九州大 23名　東京医科歯科大 21名　大阪公立大 12名　国公立医・医 700名
東北大 28名

私立医・医 767名 昨対+40名 史上最高!※2

自治医科大 32名　慶應義塾大 39名　東京慈恵会医科大 30名　関西医科大 49名　その他
国際医療福祉大 80名　順天堂大 52名　日本医科大 42名　私立医・医 443名

旧七帝大+東工大・一橋大・神戸大 4,599名

東京大 834名　東北大 389名　九州大 487名　一橋大 219名
京都大 493名　名古屋大 379名　東京工業大 219名　神戸大 483名
北海道大 450名　大阪大 646名

上理明青立法中 21,018名

上智大 1,605名　青山学院大 2,154名　法政大 3,833名
東京理科大 2,892名　立教大 2,730名　中央大 2,855名
明治大 4,949名

国公立大 16,320名

※2 史上最高…東進のこれまでの実績の中で最大。

国公立 総合・学校推薦型選抜も東進!

旧七帝大+東工大・一橋大・神戸大 434名
国公立医・医 319名

東京大 25名　大阪大 57名
京都大 24名　九州大 38名
北海道大 24名　東京工業大 30名
東北大 119名　一橋大 10名
名古屋大 65名　神戸大 42名

国公立大学の総合型・学校推薦型選抜の合格実績は、指定校推薦を除く、早稲田塾を含まない東進ハイスクール・東進衛星予備校の現役生のみの合同実績です。

ウェブサイトでもっと詳しく 東進 検索

関関同立 13,491名

関西学院大 3,139名　同志社大 3,099名　立命館大 4,477名
関西大 2,776名

日東駒専 9,582名

日本大 3,560名　東洋大 3,575名　駒澤大 1,070名　専修大 1,377名

産近甲龍 6,085名

京都産業大 614名　近畿大 3,686名　甲南大 669名　龍谷大 1,116名

2024年3月31日締切

各大学の合格実績は、東進ネットワーク(東進ハイスクール、東進衛星予備校、早稲田塾)の現役生のみ、高3時在籍者のみの合同実績です。一人で複数合格した場合は、それぞれの合格者数に計上しています。

東進へのお問い合わせ・資料請求は
東進ドットコム www.toshin.com
もしくは下記のフリーコールへ！

ハッキリ言って合格実績が自慢です！ 大学受験なら、

東進ハイスクール 0120-104-555（トーシン ゴーゴーゴー）

●東京都

[中央地区]
- □市ヶ谷校 0120-104-205
- □新宿エルタワー校 0120-104-121
- ＊新宿校大学受験本科 0120-104-020
- 高田馬場校 0120-104-770
- □人形町校 0120-104-075

[城北地区]
- 赤羽校 0120-104-293
- 本郷三丁目校 0120-104-068
- 茗荷谷校 0120-738-104

[城東地区]
- 綾瀬校 0120-104-762
- 金町校 0120-452-104
- 亀戸校 0120-104-889
- □★北千住校 0120-693-104
- 錦糸町校 0120-104-249
- □豊洲校 0120-104-282
- 西新井校 0120-266-104
- 西葛西校 0120-289-104
- 船堀校 0120-104-201
- 門前仲町校 0120-104-016

[城西地区]
- □池袋校 0120-104-062
- 大泉学園校 0120-104-862
- 荻窪校 0120-687-104
- 高円寺校 0120-104-627
- 石神井校 0120-104-159
- □巣鴨校 0120-104-780
- 成増校 0120-028-104
- 練馬校 0120-104-643

[城南地区]
- 大井町校 0120-575-104
- 蒲田校 0120-265-104
- 五反田校 0120-672-104
- 三軒茶屋校 0120-104-739
- □渋谷駅西口校 0120-389-104
- 下北沢校 0120-104-672
- □自由が丘校 0120-964-104
- □成城学園前駅校 0120-104-616
- 千歳烏山校 0120-104-331
- 千歳船橋校 0120-104-825
- 都立大学駅前校 0120-275-104
- 中目黒校 0120-104-261
- □二子玉川校 0120-104-959

[東京都下]
- □吉祥寺南口校 0120-104-775
- 国立校 0120-104-599
- 国分寺校 0120-622-104
- □立川駅北口校 0120-104-662
- 田無校 0120-104-272
- □調布校 0120-104-305
- 八王子校 0120-896-104
- 東久留米校 0120-565-104
- 府中校 0120-104-676
- □★町田校 0120-104-507
- 三鷹校 0120-104-149
- 武蔵小金井校 0120-480-104
- 武蔵境校 0120-104-769

●神奈川県
- 青葉台校 0120-104-947
- 厚木校 0120-104-716
- 川崎校 0120-226-104
- 湘南台東口校 0120-104-706
- 新百合ヶ丘校 0120-104-182
- センター南駅前校 0120-104-722
- たまプラーザ校 0120-104-445
- 鶴見校 0120-876-104
- 登戸校 0120-104-157
- 平塚校 0120-104-742
- □藤沢校 0120-104-549
- □武蔵小杉校 0120-165-104
- □★横浜校 0120-104-473

●埼玉県
- □浦和校 0120-104-561
- □大宮校 0120-104-858
- 春日部校 0120-104-508
- 川口校 0120-917-104
- 川越校 0120-104-538
- 小手指校 0120-104-759
- 志木校 0120-104-202
- せんげん台校 0120-104-388
- 草加校 0120-104-690
- 所沢校 0120-104-594
- □★南浦和校 0120-104-573
- 与野校 0120-104-755

●千葉県
- 我孫子校 0120-104-253
- 市川駅前校 0120-104-381
- 稲毛海岸校 0120-104-575
- □海浜幕張校 0120-104-926
- □★柏校 0120-104-353
- 北習志野校 0120-344-104
- □新浦安校 0120-556-104
- 新松戸校 0120-104-354
- 千葉校 0120-104-564
- □★津田沼校 0120-104-724
- 成田駅前校 0120-104-346
- 船橋校 0120-104-514
- 松戸校 0120-104-257
- 南柏校 0120-104-439
- 八千代台校 0120-104-863

●茨城県
- つくば校 0120-403-104
- 取手校 0120-104-328

●静岡県
- ★静岡校 0120-104-585

●奈良県
- ★奈良校 0120-104-597

★ は高卒本科(高卒生)設置校
＊ は高卒生専用校舎
□ は中学部設置校

※変更の可能性があります。
最新情報はウェブサイトで確認できます。

全国約1,000校、10万人の高校生が通う、

東進衛星予備校 0120-104-531（トーシン ゴーサイン）

近くに東進の校舎がない高校生のための

東進ハイスクール 在宅受講コース 0120-531-104（ゴーサイン トーシン）

ここでしか見られない受験と教育の最新情報が満載！

東進ドットコム www.toshin.com

東進 検索

東進TV

東進のYouTube公式チャンネル「東進TV」。日本全国の学生レポーターがお送りする大学・学部紹介は必見！

大学入試過去問データベース

君が目指す大学の過去問を素早く検索できる！ 2024年入試の過去問も閲覧可能！

※2024年4月現在

建築・美術作品でたどる

日本文化史 弐【近世～近現代】

桃山文化

姫路城

池田輝政が慶長年間に大改修した姫路城は，その美しさから白鷺城とも呼ばれる（→ P.107）

寛永文化

『風神雷神図屏風』

大和絵の手法を用いて活躍した俵屋宗達の代表作。俵屋宗達の画風は元禄期に登場した尾形光琳に受け継がれた（→ P.102）

元禄文化

『見返り美人図』(左)，八橋蒔絵螺鈿硯箱 (上)

尾形光琳は，京都で琳派と呼ばれる流派をおこした元禄文化を代表する人物。絵画のみならず工芸にも優れ，八橋蒔絵螺鈿硯箱を残した（→ P.109）

一方，江戸では菱川師宣が浮世絵版画を始め，人気となった。『見返り美人図』は菱川師宣の代表作。この絵は，版画ではなく肉筆画であることに注意（→ P.103）